이것만은 꼭! 알아야 할 **초등 경제 상식**

초등이와 함께하는 경제 이야기

지은이 장원호, 김혜린
그린이 보라
펴낸이 정규도
펴낸곳 ㈜다락원

초판 1쇄 발행 2023년 10월 15일
초판 2쇄 발행 2024년 6월 18일

책임편집 박소영
디자인 호기심고양이

다락원
주소 경기도 파주시 문발로 211
내용문의 (02)736-2031(내선 275)
구입문의 (02)736-2031(내선 250~252)
팩스 (02)732-2037
출판등록 1977년 9월 16일 제406-2008-000007호

Copyright ⓒ 2023, 장원호·김혜린

저자 및 출판사의 허락 없이 이 책의 일부 또는 전부를 무단 복제·전재·발췌할 수 없습니다. 구입 후 철회는 회사 내규에 부합하는 경우에 가능하므로 구입문의처에 문의하시기 바랍니다. 분실·파손 등에 따른 소비자 피해에 대해서는 공정거래위원회에서 고시한 소비자 분쟁 해결 기준에 따라 보상 가능합니다. 잘못된 책은 바꿔 드립니다.

ISBN 978-89-277-4792-5 73320

http://www.darakwon.co.kr
다락원 홈페이지를 통해 인터넷 주문을 하시면 자세한 정보와 함께 다양한 혜택을 받으실 수 있습니다.

*참고 자료
셔터스톡 www.shutterstock.com/
한국은행 www.bok.or.kr
블로그 blog.naver.com/crew6223/221977615750

이것만은 꼭! 알아야 할 **초등 경제 상식**

초등이와 함께하는 경제 이야기

장원호, 김혜린 지음 · 보라 그림

다락원

"경제 공부, 꼭 해야 하나요?"

수학, 영어, 코딩, 태권도… 안 그래도 공부해야 할 것들이 많은 대한민국 초등학생인데, 경제까지 공부해야 한다니…. 어른들만의 일인 줄 알았던 '경제', '돈'을 벌써부터 알아야 하나 의문이 들 거예요. 그런데 우리의 평범한 일상을 살펴보면 대부분 돈과 연결되어 있다는 것을 알 수 있어요. 여러분이 먹고 싶은 음식, 입고 싶은 옷, 편히 쉴 수 있는 집 모두 돈으로 얻을 수 있는 것들이에요.

선생님은 어른이 되고 나니 어릴 때부터 경제에 관심을 가졌으면 좋았겠다는 생각이 들었어요. 학생 때는 지금 여러분들처럼 부모님이 용돈을 주시고, 필요한 것들을 사주셨어요. 그래서 그때는 돈의 소중함을 지금처럼 잘 느끼지 못했어요. 막연히 돈을 벌고 싶고, 돈이 많으면 좋을 것이라고만 생각했지요. 그런데 돈을 직접 벌어보니 돈을 버는 것이 쉽지 않은 일이라는 것을 깨달았어요. 그리고 무엇보다 돈을 어떻게 관리하고 쓰면 좋을지 스스로 결정하는 것이 중요한데, 이와 관련해서는 배운 적이 없는 거예요. 그래서 선생님은 학생들에게도 돈이 무엇인지 알려 주고, 경제에 관심을 가질 수 있도록 도와주고 싶다는 마음이 들었어요.

    돈을 잘 모르는 사람은 돈이 없어서 어쩔 수 없는 선택을 해야 하거나 잘못된 선택을 하기 쉬워요. 돈이 많다고 무조건 행복한 것도 아니지만 돈은 우리가 필요한 것들을 누릴 수 있게 해 줘요. 또 경제를 공부한 사람은 돈과 관련된 상황에서 더 현명한 선택을 내릴 수 있어요.

    물론 책 한두 권으로 경제의 모든 것을 이해하고 알 수는 없어요. 또 책만 읽는다고 해서 부자가 되는 것도 아니에요. 하지만 이 책을 시작으로 여러분이 일찍부터 돈에 관심을 가지고 꾸준히 경제에 대한 지식을 쌓아간다면 미래에 돈을 안정적으로 관리하고 돈에 관해 건강한 선택을 내릴 수 있는 사람이 되리라 생각해요.

    선생님은 여러분이 경제를 깊이 공부하지 않아도, 그저 관심을 가지는 것만으로도 큰 성과라고 생각해요. 그래서 꼭 알아야 할 경제 기본 개념들을 누구나 쉽게 이해할 수 있도록 주인공 초등이의 다양한 에피소드로 담아 보았어요. 여러분들이 책을 다 읽고, 더 이상 경제가 딱딱하고 어려운 것이 아닌 일상생활 속 부모님, 친구들과 자유롭게 이야기를 나눌 수 있는 주제가 되기를 바랍니다.

장원호, 김혜린

머리말 4

1장 우리가 꼭 알아야 할 돈

- 01 돈의 모습이 변한다고? 10
- 02 돈은 어디에서 만드는 걸까? 16
- 03 과일의 가격은 왜 변하는 걸까? 22
- 04 30년 전에는 짜장면이 1,000원이었대 28
- 05 나도 세금을 내고 있다고? 34
- 06 사과 폰 VS 은하수 폰 40
- 07 해외에서 우리나라 돈을 사용할 수 있을까? 46

2장 알뜰살뜰 모으는 돈, 저축

- 08 나도 용돈 좀 모아둘 걸 54
- 09 저금통과 통장, 용돈을 어디에 보관할까? 60
- 10 내 돈이 남긴 발자국 66
- 11 돈을 불려서 돌려준다고? 72
- 12 용돈 말고도 돈이 꼬박꼬박 들어오는 꿈 78
- 13 저축만 해도 위험하다고? 84

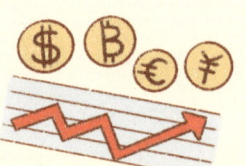

3장 현명하게 사용하는 돈, 소비

⑭ 아침부터 저녁까지 돈! 돈! 돈! 92
⑮ 게임 속의 나 VS 현실의 나 98
⑯ 백화점과 온라인 스토어의 가격은 왜 다를까? 104
⑰ 비싸더라도 친환경 제품을 사요 110
⑱ 광고의 신기한 소비 유혹 116

4장 알면 알수록 불어나는 돈, 투자

⑲ 미래의 이익을 기대해요 124
⑳ 집의 가격은 왜 다 다른 걸까? 130
㉑ 어떻게 돈을 벌 수 있을까? 136
㉒ 나도 회사를 소유할 수 있어요 142
㉓ 돈을 빌리려면 신뢰를 쌓아야 해 148

에필로그 _ 이제 우리는 경제 삼총사 154
부록 _ 초등이와 경제 놀이 156
초등이와 경제 놀이 정답 160

초등이와 함께하는
경제 이야기

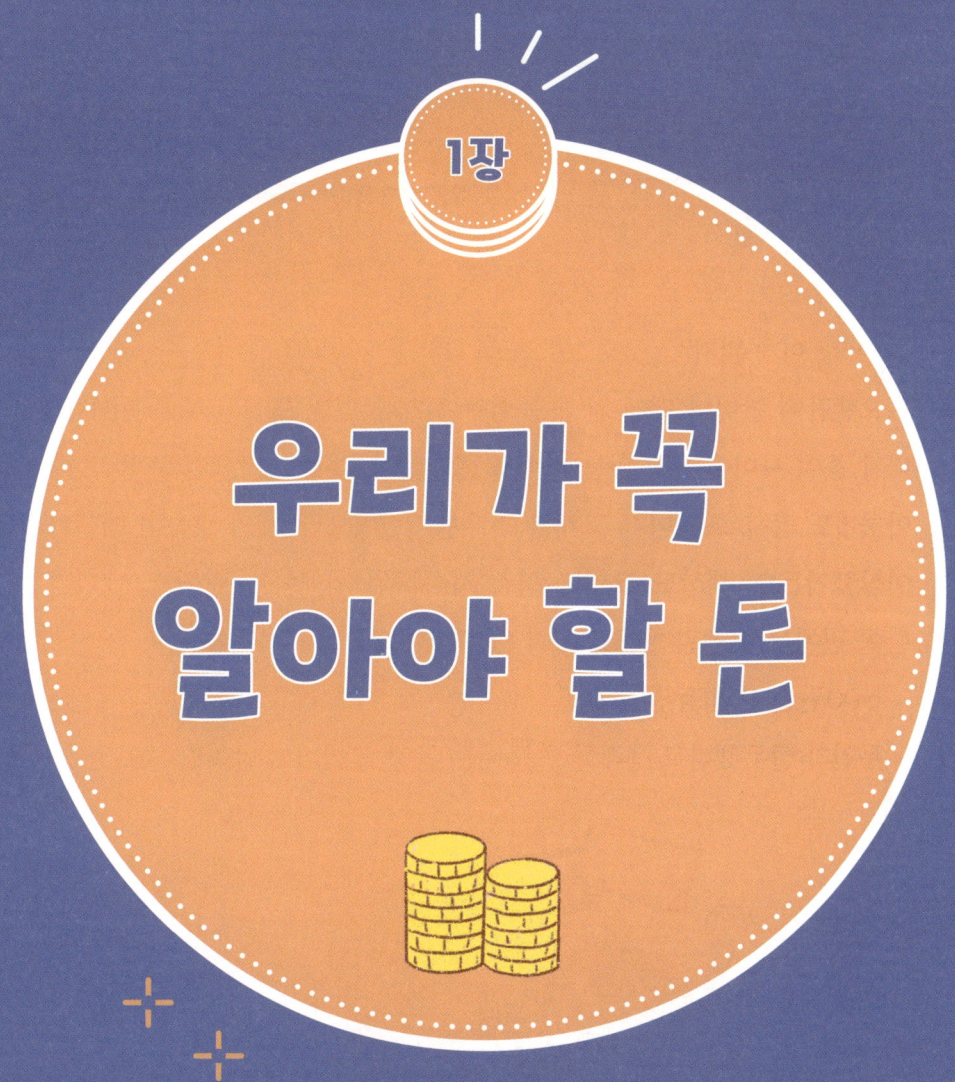

1장 우리가 꼭 알아야 할 돈

01 돈의 모습이 변한다고?

"어라, 이게 뭐지?"

오랜만에 할머니 댁에 간 초등이는 서재에 있던 오래된 책을 꺼내 보다가 종이 사이에 끼어 있는 지폐를 발견했어요. 공돈이 생긴 줄 알고 좋아하기도 잠시, 초등이가 고개를 갸우뚱거렸어요. 지폐의 모습이 어딘가 이상했거든요. 색상도 크기도 평소 사용하던 지폐와 달랐어요. 게다가 한쪽 면에는 '오백원'이라고 쓰여 있는 거예요.

'500원은 분명 동전인데…'

무언가 잘못됐다고 생각한 초등이는 곧장 할머니께 달려갔어요.

"할머니, 이 돈 이상해요. 아무래도 돈을 만드는 사람이 0을 하나 빠뜨린 것 같아요. 5,000원을 500원이라고 잘못 쓴 거 아니에요?"

"하하, 이 돈은 옛날 지폐란다. 할머니가 초등이처럼 어렸을 때는 500원짜리 지폐가 있었지. 그때는 100원짜리 지폐도 있었고, 더 이전에는 10원짜리 지폐도 있었단다."

'이럴 수가! 요즘에는 동전으로도 찾아보기 힘들다는 10원이 지폐였다고?'

그날 밤 초등이는 신기한 꿈을 꾸었어요.

깜짝 놀라며 꿈에서 깬 초등이는 다시 신나는 상상에 빠졌어요.

'미래에는 정말 현금이나 카드 대신에 다른 방법으로 물건을 살 수 있지 않을까?'

돈의 모습은 어떻게 달라졌을까?

우리가 다른 사람으로부터 원하는 물건을 얻기 위해서는 그 물건의 값을 계산해야 하죠. 이때 물건을 서로 편리하게 주고받기 위해 사용하는 도구가 바로 '돈'이에요. 그렇다면 돈이 없던 시절에는 어떻게 했을까요?

옛날에는 사람들이 자신이 가지고 있는 물건과 필요한 물건을 서로 바꾸어 사용했는데, 이것을 '물물교환'이라고 해요. 하지만 서로 원하는 것이 다를 때도 있고, 또 무거운 물건은 주고받기 불편했기 때문에 새로운 교환 수단이 필요했어요. 그 고민 끝에 생각해 낸 것이 '물품화폐'예요.

사람들은 당시 유통되던 물건 중

높은 가치를 지니면서 많이 쓰이는 것을 물품 화폐로 사용했어요. 그중 대표적인 것에는 소금, 곡물, 조개껍데기 등이 있어요. 하지만 비가 오면 소금이 녹아 버렸고, 곡물은 저장하기가 어려웠어요. 그래서 생겨난 것이 금, 은과 같은 금속으로 만든 '금속 화폐'예요.

금속 화폐는 쉽게 손상되지 않고, 가지고 다니기도 훨씬 편리했어요. 하지만 일정하지 않은 모양 때문에 일일이 무게를 달아 사용해야 하는 불편함이 있었고, 가짜 금과 은으로 만든 위조 화폐가 생겨나기도 했어요. 이런 금속 화폐의 문제점을 해결하기 위해 만든 것이 '주조 화폐'예요.

주조 화폐는 금속을 녹여 동일한 형태로 만든 화폐로 모양과 크기가 일정해서 사용하기에는 편했지만, 많은 양의 동전이 필요할 때는 들고 다니기 무겁고 불편했어요. 이후에는 이런 불편함을 대신해 지폐가 만들어졌고, 수표나 어음도 생겨났어요.

오늘날에는 동전이나 지폐 대신 카드와 전자 화폐를 더 많이 사용해요. 전자 화폐는 시간과 장소에 구애받지 않고 사용할 수 있다는 장점이 있어요. 하지만 개인 정보 유출로 인한 피해가 발생할 수 있으니 조심해야 해요.

생활 속 경제 이야기

동전 없는 사회, 가능할까?

한 해 동안 수십억 원의 동전이 찌그러지거나 부식되어 폐기되고 있고, 이만큼의 동전을 새로 만드는 데 연간 약 450억 원 이상의 돈이 사용되고 있어요. 특히 10원짜리 동전을 만들기 위해서는 동전의 가치인 10원보다 더 많은 비용이 든다고 해요.

최근에는 신용 카드를 넘어 각종 '페이(pay)'라는 디지털 결제 수단이 확대되면서 현금 사용이 점점 줄어들고 있어요. 이러한 이유로 우리나라에서는 거스름돈을 동전 대신 카드나 포인트, 가상 계좌로 돌려주는 '동전 없는 사회'를 만들겠다고 발표했어요. 하지만 아직은 온라인 결제 시스템이 구축되지 않아 동전이 필요한 상점들이 있어요. 또 새로운 결제 수단을 이용하기 어려워하는 사람들도 있어서 완벽한 동전 없는 사회가 되려면 시간이 필요해 보여요.

새로운 화폐의 등장, 주인공은 바로 암호 화폐

'암호 화폐'는 블록체인 기술을 사용한 암호화된 디지털 화폐로 '가상 화폐'라고도 불러요. 대표적인 암호 화폐로는 '비트코인', '이더리움' 등이 있어요.

암호 화폐도 주식처럼 우리가 현재 사용하고 있는 돈으로 사고팔 수 있어요. 최근에는 암호 화폐로 피자를 주문하거나 편의점에서 음료수를 구입하는 등 일상 곳곳에서 암호 화폐 사용이 가능해지고 있어요.

만약 우리의 재산이 순식간에 늘어나거나 줄어든다면 어떨까요? 물론 돈이 많아지면 좋겠지만 언제 돈이 사라지게 될지 모르니 불안한 마음도 클 거예요. 암호 화폐의 대표적인 문제점은 가격 변동성이 크다는 것인데, 이러한 이유 때문에 '위험한 도박'이라고도 하지요.

암호 화폐의 문제점이 해결되고, 더 많은 곳에서 사용된다면 미래에는 전 세계 사람들이 가상 화폐를 사용하는 날도 올 수 있겠죠.

암호 화폐의 미래는 어떻게 될까요?

1장 | 우리가 꼭 알아야 할 돈   15

02 돈은 어디에서 만드는 걸까?

　초등이는 아침부터 룰루랄라 콧노래를 부르며 나갈 준비를 하고 있어요. 오늘은 친구들과 롤러장에 갔다가 떡볶이를 사 먹기로 한 날이거든요. 옷을 다 챙겨 입고 책상 위에 있는 지갑을 열어 본 초등이는 깜짝 놀라 소리를 질렀어요. 지갑 안에 딸랑 천 원짜리 한 장만 남아 있었거든요. 이번 달에 평소보다 돈을 많이 쓰기는 했지만 남은 돈이 이렇게 적을지는 몰랐어요.

　초등이의 비명 소리에 엄마가 한걸음에 달려오셨어요.

　"초등아, 무슨 일이니?"

　"엄마, 왜 용돈이 이것밖에 안 남았죠? 오늘 친구들과 놀기로 했는데…."

　엄마의 눈치를 살피며 초등이는 조심스레 말을 이어갔어요.

　"저… 용돈 조금만 더 주시면 안 될까요?"

"뭐라고? 이번 달은 더 이상 안 돼!"

엄마의 단호한 거절에 초등이는 풀이 죽었어요. 하지만 곧 무언가 생각난 듯 미소를 지으며 방문을 닫았어요.

시간이 얼마나 지났을까요? 초등이는 자신만만한 모습으로 방문을 열고 나왔어요. 오른손에는 숫자가 쓰여 있는 종이를 잔뜩 쥔 채로 말이죠.

"뭐야, 숨겨 놓았던 돈이 있었나 보네?"

잠시 후 초등이가 들고 나온 지폐를 유심히 살펴본 엄마는 헛웃음을 지으며 말씀하셨어요.

"이건 인쇄한 돈이잖아~! 이 돈은 사용할 수 없어. 가짜 돈을 사용하는 것은 불법이거든. 그리고 돈을 만들 수 있는 곳은 따로 있단다."

'아무리 봐도 진짜 돈과 똑같은 것 같은데…'

방으로 돌아온 초등이는 궁금해졌어요.

'돈은 어디에서, 누가 만드는 걸까?'

돈은 ○○○○에서 만들어요!

우리가 사용하는 돈이 어디에서 만들어지는지 알고 있나요? 지금 가지고 있는 지폐나 동전을 꼼꼼히 살펴보면 알 수 있어요. 정답은 바로 '한국은행'이에요. 주위에서 ××은행, ○○은행은 자주 봤는데, 한국은행은 어디서 들어보긴 했지만 본 적은 없는 것 같죠?

각 나라에는 화폐를 만들고, 돈을 얼마만큼 만들지 정하는 중앙은행이 있어요. 우리나라의 중앙은행은 한국은행이에요.

우리나라의 화폐인 원화는 오직 한국은행에서만 만들 수 있어요. 한국은행이 한국 조폐 공사에 필요한 화폐량을 주문하면 한국 조폐 공사는 화폐를 만들어 줘요.

그렇다면 '한국은행이 화폐를 무한정으로 만들어 내면 모든 사람들이 돈을 풍족하게 가질 수 있지 않을까?'라는 생각이 들 수도 있어요. 하지만 현실적으로는 어려워요. 짧은 기간에 돈을 너무 많이 만들면 화폐의 가치가 떨어지는 등의 문제가 생길 수 있기 때문이죠.

그래서 한국은행은 세상에 풀린 돈의 양이 적절한지 판단하여 화폐량을 계획적으로 조절한답니다.

1장 | 우리가 꼭 알아야 할 돈　19

생활 속 경제 이야기

우리나라 지폐는 ooo로 만들어졌다?

주머니 속에 돈이 들어 있는 것을 깜빡 잊고 세탁기에 옷을 그대로 넣어 돌린 경험이 있나요? 혹시 돈이 찢어지지 않았을까 걱정했는데, 막상 꺼내 보니 멀쩡했을 거예요.

물에 젖은 지폐가 찢어지지 않은 이유는 바로 지폐가 옷의 원단 중 하나인 '면섬유'로 만들어졌기 때문이에요. 사실 지폐는 '종이로 만든 돈'이라는 뜻인데, 지폐를 만들 때 왜 종이 대신 면섬유를 사용했을까요? 그 이유는 바로 면섬유가 내구성과 방수력이 좋기 때문이에요.

내구성은 오래 견디는 특성을 말하는데, 면섬유로 만든 지폐는 내구성이 뛰어나 최대 만 번까지도 접었다 폈다 할 수 있다고 해요. 또 물이 스며드는 것을 막아 주는 방수력 덕분에 실수로 세탁기에 돌려도 돈이 찢어지지 않고, 잘 말려서 다시 사용할 수 있어요.

▲ 폴리머(플라스틱)로 만든 호주의 지폐

어떤 나라에서는 플라스틱 소재로 돈을 만들기도 해요. 플라스틱은 수분 흡수율이 낮아서 지폐가 더러워졌을 때 물로 씻어 다시 사용할 수 있어요. 또 습기가 적어서 세균 번식력이 낮고, 화폐가 청결하게 유지되는 장점이 있지요. 하지만 제작 비용이 비싸다는 단점도 있어요.

위조지폐는 어떻게 구별할까?

교묘하게 만들어진 위조지폐는 얼핏 보아서는 진짜 지폐와 구분하기 어려워요. 자세히 보아야 구별할 수 있는데, 어떤 부분을 살펴봐야 할까요?

우리가 사용하는 지폐에는 위조지폐 여부를 구분할 수 있는 첨단 위조 방지 장치가 숨어 있어요. 보통 빛에 비추어 보거나 기울여 보고, 만져 보면서 확인할 수 있는데 이러한 장치가 있음에도 여전히 위조지폐가 유통되고 있어요. 위조지폐를 만들거나 사용하는 것은 다른 사람들에게 피해를 주는 범죄 행위예요. 위조지폐 식별 방법을 기억해 두었다가 의심이 들 때 꼭 활용해 보세요.

위조지폐 식별 방법

띠형 홀로그램 보는 각도에 따라 우리나라 지도, 태극 등의 무늬가 나타남.

가로 확대형 기번호 문자와 숫자 크기가 오른쪽으로 갈수록 커짐.

입체형 부분 노출 은선 좌우상하로 보면 태극무늬의 움직임이 보임.

요판잠상 비스듬히 눕혀 보면 숫자 '5'가 보임.

숨은 그림 빛에 비추어 보면 신사임당 초상이 보임.

돌출 은화 빛에 비추어 보면 오각형 안에 숫자 '5'가 보임.

앞뒷면 맞춤 빛에 비추어 보면 앞면과 뒷면의 무늬가 합쳐져 완성된 태극무늬가 보임.

색 변환 잉크 기울이면 액면 숫자 색상이 자홍색이나 녹색으로 변함.

03 과일의 가격은 왜 변하는 걸까?

초등이는 요즘 쿡방을 즐겨 봐요. 그중에서도 특히 케이크 만드는 영상에 푹 빠졌어요. 예쁘고 먹음직스러운 케이크가 만들어지는 과정이 너무 신기했거든요. 엄마는 초등이에게 이번 주말에 케이크를 직접 만들어 보자고 하셨어요. 신이 난 초등이는 만들고 싶은 케이크가 너무 많아서 어떤 케이크를 만들지 행복한 고민에 빠졌어요.

그날 저녁 초등이는 TV에서 갓 수확한 딸기를 맛있게 먹는 장면을 보고 침을 꿀꺽 삼키며 엄마한테 달려갔어요.

"엄마, 주말에 딸기 케이크를 만들고 싶어요!"

"응, 그런데 집에 딸기가 없네? 내일 엄마랑 같이 마트에 가 볼까?"

"네, 좋아요~!"

　다음날 초등이는 엄마와 함께 집 근처 마트에 방문했어요. 알록달록한 과일들이 있는 진열대 한 가운데에 먹음직스러운 딸기가 보였어요. 딸기 케이크를 만들 생각에 행복한 초등이의 얼굴과는 다르게 엄마의 표정은 어두웠어요. 작년보다 딸기의 가격이 많이 비싸졌거든요.

　엄마는 초등이에게 다른 과일과 섞어 케이크를 만들자고 제안하셨어요. 그리고 작은 용기에 들어 있는 딸기 한 팩과 몇몇 종류의 과일을 샀어요.

　딸기를 듬뿍 넣은 케이크를 상상했던 초등이는 원하는 만큼 딸기를 사지 못해서 속상했어요.

　'딸기의 가격은 누가 정하는 걸까?'

수요와 공급이 만나는 곳, 가격

사람들은 필요한 물건을 구매할 때 가격을 비교하여 결정해요. 그렇다면 가격은 누가, 어떻게 결정하는 걸까요? 가격에 영향을 미치는 것은 여러 가지가 있지만 그중에서 가장 큰 부분을 차지하는 것은 '수요'와 '공급'이에요.

수요란 소비자가 필요에 의해 어떤 물건이나 서비스를 구매하는 것이고, 공급은 판매자가 소비자의 필요에 따른 물건이나 서비스를 판매하는 것을 말해요.

딸기로 예를 들어 볼까요? 어느 마을에 농부가 수확한 딸기의 양보다 딸기를 사려고 하는 사람이 더 많았어요. 농부는 수요가 공급보다 더 많은 것을 보고 딸기의 가격을 올려야겠다고 생각했지요. 사람들은 가격이 비싸지만 살 수 있는 딸기의 양이 한정되어 있어서 돈을 더 내고 사 먹을 수밖에 없었어요.

그다음 해, 작년에 비쌌던 딸기 가격을 생각하며 너도나도 딸기를 심었어요. 그래서 딸기를 사려고 하는 사람보다 수확한 딸기의 양이 훨씬 많아졌어요. 딸기의 가격은 어떻게 되었을까요? 딸기가 상하기 전에 싱싱한 딸기를 팔아야 하는 농부들은 서로 딸기의 가격을 낮추며 경쟁했고, 사람들은 더 저렴한 가격의 딸기를 골라 사 먹을 수 있었어요.

하지만 수요가 공급보다 많다고 해서 가격이 계속 올라가고, 공급이 수요보다 많다고 해서 가격이 계속 내려가는 것은 아니에요. 수요와 공급이 만나는 곳에서 가격이 정해지는데, 이것을 '균형 가격'이라고 해요.

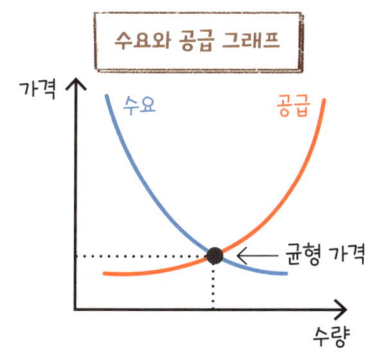

생활 속 경제 이야기
한정판에 지갑을 여는 사람들, 리셀 시장

원하는 사람은 많은데 자원은 한정적이거나 부족한 상태를 '희소성'이라고 해요. 예를 들어 캐릭터 빵을 100명이 사고 싶어 하는데 10개 밖에 생산되지 않는다면 이 빵은 희소성이 있다고 할 수 있어요.

한정판(리미티드) 상품처럼 희소성이 강한 제품들을 구매한 후 나중에 가격을 올려 재판매하는 것을 '리셀(Resell, 다시 팔다)'이라고 해요. 리셀이 중고 거래와 다른 점은 물건을 구매한 후 사용하지 않은 새 상품을 재판매한다는 것이에요.

사람들은 왜 원래 가격보다 더 많은 돈을 주고 비싼 리셀 상품을 구매하는 걸까요? 그 이유에는 희소한 제품을 소유하고자 하는 욕구 충족, 나중에 더 비싼 가격으로 되팔고자 하는 투자의 목적 등이 있어요. 당장 내게 필요하지 않더라도 한정판이라는 단어에 지갑을 여는 사람들, 인기 있는 특정 브랜드만을 선호하는 소비가 리셀 시장을 더욱 커지게 만들고 있죠.

이처럼 리셀 시장은 새로운 재테크의 소비 영역으로 확대되고 있어요. 하지만 안전하고 투명한 거래를 위해서는 정확한 상품 정보 공개, 합당한 가격 제시 등의 노력이 필요해요.

그것이 더 알고 싶다!
수요와 공급에 영향을 미치는 다양한 요인들

수요와 공급은 다양한 요인들로 인해 늘어나거나 줄어들 수 있어요. 수요와 공급에 영향을 미치는 요인에는 어떤 것들이 있을까요?

수요에 영향을 미치는 요인

물품의 가격
비슷한 조건이면 더 저렴한 상품을 사요.

소비자 선호 변화
유행에 따라 선호하는 것이 달라져요.

소득 수준의 변화
소득이 늘어나면서 비싸지만 질 좋은 제품을 사요.

공급에 영향을 미치는 요인

 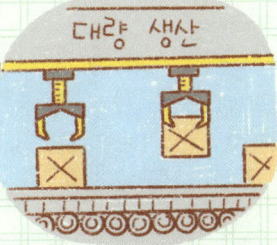 

생산 비용
재료의 가격 변동에 따라 판매 가능 상품이 달라져요.

기술의 발전
같은 시간 안에 더 많이 생산할 수 있어요.

미래 상황 예측
미래 사회 변화에 따라 필요한 물건이 달라져요.

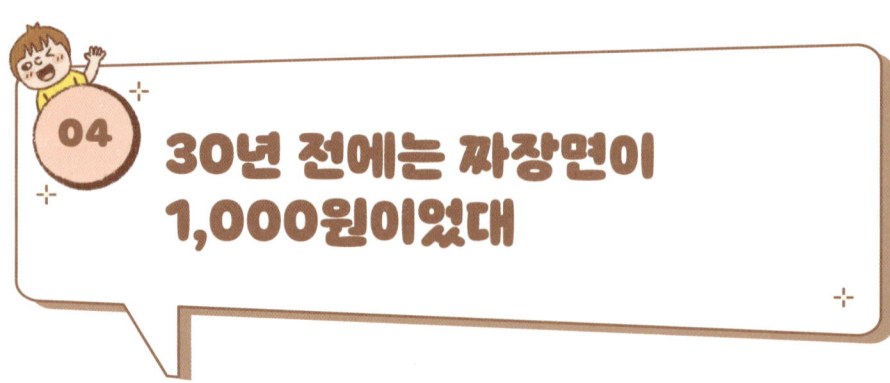

04 30년 전에는 짜장면이 1,000원이었대

꼬르륵….

학원을 마치고 집에 돌아오는 길에 초등이는 배가 너무 고팠어요. 그때 마침 붕어빵 가게가 보였어요. 가까이 다가가 메뉴판을 보니 '2개에 1,000원'이라고 적혀 있었어요. 주머니를 뒤적이며 1,000원을 찾은 초등이는 붕어빵 2개를 사서 맛있게 먹었어요. 그런데 문득 이전 기억이 떠올랐어요.

'붕어빵 4개에 1,000원이었는데… 이러다가 붕어빵 1개에 1,000원까지 가격이 오르는 거 아닐까?'

그날 저녁 식탁에 앉아 있는데 TV에서 물가에 대한 뉴스가 들려왔어요.

물가가 많이 올라 걱정이라는 부모님의 대화를 듣던 초등이는 아까 먹었던 붕어빵이 생각났어요.

"아빠, 저 아까 붕어빵을 사 먹었는데, 가격이 많이 오른 것 같아요. 이러다가 제가 좋아하는 짜장면과 떡볶이 가격도 오르면 어떡하죠? 가격이 계속 똑같으면 좋을 텐데…."

"초등아, 놀라운 사실 하나 알려 줄까? 아빠가 초등이 나이 때, 그러니까 30년 전에는 짜장면 가격이 한 그릇에 1,000원 정도였어."

"헐! 1,000원이요? 그러면 지금 짜장면 한 그릇 먹을 수 있는 금액으로 30년 전에는 짜장면 여섯 그릇을 먹을 수 있었던 거네요? 그런데 아빠, 물건이나 음식의 가격은 왜 오르는 걸까요?"

물가는 왜 오르는 걸까?

뉴스를 보거나 어른들의 대화를 듣다 보면 종종 '물가'라는 단어가 등장해요. 물가는 여러 가지 상품이나 서비스의 평균적인 값으로, 물가는 오를 수도 있고 내릴 수도 있어요.

물가가 오른다는 것은 특정 시점에 여러 상품의 가격이 전체적으로 올랐다는 것을 뜻해요. 그렇다면 물가는 왜 계속해서 오르는 걸까요? 여러 가지 이유가 있지만 가장 큰 이유는 세상에 풀린 돈의 양이 많아져서 화폐의 가치가 하락했기 때문이에요.

예를 들어 달콤 마을에 풀린 돈이 10,000원이라고 가정해 볼게요. 이 달콤 마을에서는 과자 1개를 1,000원에 판매하고 있었어요. 어느 날 달콤 마을 대표는 돈을 더 많이 찍어내기로 결정을 내렸어요. 달콤 마을에 풀린 돈이 20,000원으로 늘어나자 과자 1개의 가격은 1,000원에서 2,000원으로 올랐어요. 돈이 풀리자 달콤 마을 사람들은 전보다 더 많은 돈을 가지게 되었고, 그만큼 과자를 사려는 사람도 늘어났기 때문이에요. 예전에는 1,000원으로 과자 1개를 살 수 있었는데, 과자의 가격이 오르면서 이제는 1,000원으로 과자 1개도 살 수 없게 되었어요. 즉, 돈의 양이 많아지면서 가격은 오르고, 돈의 가치는 떨어진 것이죠.

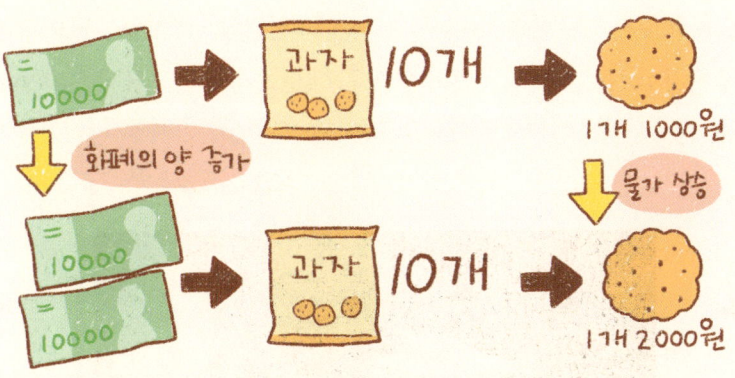

물가는 상황에 따라 오르기도 하고 내리기도 해요. 하지만 세상에 풀린 돈의 양은 계속 증가하고 있기 때문에 장기적으로 봤을 때 물가는 꾸준히 상승한다고 예측할 수 있어요. 이렇게 물가가 계속해서 오르는 현상을 '인플레이션'이라고 해요.

생활 속 경제 이야기

휴지 조각이 되어버린 돈, 하이퍼인플레이션

물가가 통제할 수 없을 정도로 단기간에 매우 급격하게 오른 현상을 '하이퍼인플레이션'이라고 해요.

하이퍼인플레이션이 발생하는 가장 큰 이유는 돈에 관한 정부의 정책이 실패했기 때문이에요. 정부나 중앙은행이 돈을 한꺼번에 많이 풀어 버리면 소비력이 늘어나면서 상품의 가격이 급등하는 것이죠.

실제로 하이퍼인플레이션이 발생한 짐바브웨, 베네수엘라의 사례를 보면 휴지, 빵 등과 같은 생필품을 하나 사는 데에도 엄청난 양의 돈이 필요해요. 단기간에 물가가 급격하게 올라가면서 화폐 가치가 크게 떨어졌기 때문이에요. 결국 정부의 잘못된 통화 정책으로 애꿎은 국민들만 피해를 입게 된 것이죠.

▲ 화폐 가치가 떨어져 휴지를 사려면 많은 돈이 필요한 베네수엘라의 상황

물가 상승에 관한 두 가지 오해

오해 1 　물가가 오르면 물건을 판매하는 사람들에게는 좋은 일 아닌가요?

물가가 오른다고 수익이 무조건 늘어나는 것은 아니에요. 물가가 오른 만큼 인건비, 재료비 등도 함께 오르기 때문이죠. 또 물가가 지나치게 오르면 사람들의 소비가 줄어들어 수익이 줄어들 수도 있어요.

오해 2 　화폐를 더 찍어내지 않으면 물가 상승을 막을 수 있지 않을까요?

물가가 오르는 것이 두려워 한국은행이 돈을 찍어내지 않으면 어떻게 될까요? 사람들은 더 이상 추가로 돈을 빌리거나 갚을 수 없게 돼요.

피가 흐르지 않으면 사람의 목숨이 위태로워지는 것처럼 돈이 돌지 않으면 경제 상황이 어려워져 우리 사회가 무너지게 될 수도 있어요.

05 나도 세금을 내고 있다고?

방학이지만 아침 일찍부터 초등이가 나갈 준비를 하고 있어요. 오늘은 아빠와 함께 도서관에 가는 날이거든요. 다양한 책을 무료로 마음껏 볼 수 있고, 시원한 에어컨 바람 덕분에 더위도 피할 수 있어서 초등이는 요즘 매일 도서관에 가고 있어요.

도서관에 도착하자마자 초등이는 신간을 모아 놓은 쪽으로 바쁘게 걸음을 옮겼어요. 새로 나온 책 중에 꼭 읽고 싶은 책이 있었기 때문이에요. 다행히 아직 아무도 빌려 가지 않아서 책을 바로 고를 수 있었어요.

기분이 좋아진 초등이는 시원한 에어컨 바람을 느끼며 꽤 두꺼운 책을 단숨에 읽어 나갔어요. 시간이 얼마나 지났을까요? 배고프다는 생각에 시계를 보니 도서관에 온 지 벌써 3시간이 훌쩍 지나 있었어요. 초등이는 읽고 있던 책과 또 다른 한 권을 빌린 후 아빠와 함께 도서관을 나섰어요.

집으로 돌아가는 길에 초등이는 문득 궁금한 점이 생겼어요.

"아빠, 도서관에서는 어떻게 이 많은 책을 사람들에게 무료로 빌려줄 수 있는 거예요? 도서관에 있는 책을 모두 사려면 돈이 엄청 많이 들었을 것 같아요. 또 에어컨도 빵빵하게 틀어 주잖아요. 도서관을 운영하는 사람은 엄청난 부자인가 봐요!"

초등이의 질문에 아빠는 하하 웃으며 말씀하셨어요.

"도서관은 우리나라 국민들이 내는 세금으로 운영되고 있어. 엄마, 아빠 그리고 초등이가 그동안 성실히 세금을 낸 덕분에 우리가 오늘처럼 도서관을 자유롭게 이용할 수 있는 것이란다."

"제가 세금을 냈다고요?"

아빠의 대답을 들은 초등이는 세금을 낸 적이 있었는지 기억을 더듬어 보았어요. 하지만 아무리 생각해도 떠오르지 않았어요.

세금은 분명 어른들만 내는 것으로 알고 있었는데, 초등이는 언제 세금을 낸 것일까요?

1장 | 우리가 꼭 알아야 할 돈

다양한 곳에 쓰이는 세금

가족들이 밥을 먹고, 옷을 입고, 취미 생활을 하기 위해 돈이 필요한 것처럼 우리가 살고 있는 이 나라를 운영하기 위해서도 돈이 필요해요. 그래서 나라에서는 국민들로부터 돈을 걷는데, 이 돈이 바로 '세금'이에요.

세금을 내기 싫다고 마음대로 내지 않아도 될까요? 세금을 내는 것은 국민의 4대 의무 중 하나로 정해져 있을 만큼 나라를 유지하고 발전시키기 위한 중요한 부분을 차지해요.

아마도 세금은 어른들만 내는 것이라고 생각할 수 있지만 여러분들도 이미 세금을 낸 적이 있어요. 과연 나는 언제 세금을 냈을까요?

물건을 사고 결제를 하면 내가 돈을 내고 물건을 샀다는 것을 확인할 수 있는 영수증을 줘요. 영수증을 꼼꼼하게 살펴보면 '부가세'라는 익숙하지 않은 단어를 발견할 수 있어요.

부가세의 정확한 명칭은 '부가 가치세'인데, 물건값에 세금이 포함되어 있음을 나타내요. 편의점에서 과자를 사 먹을 때도, 영화관에서 표를 예매할 때도 모두 부가 가치세라는 세금을 낸 거예요.

직장인이 회사에서 일한 대가로 받는 돈을 '근로 소득'이라고 해요. 이 소득을 한 달 단위로 말하면 '월급'이라고 하는데, 월급에도 세금이 있다는 사실 알고 있나요? 근로 소득이 발생하면 나라에서는 '소득세'라는 세금을 제외하고 월급을 지급해요. 소득세는 월급의 액수, 가족의 수 등에 따라 비율이 조금씩 달라져요.

그렇다면 용돈에도 세금이 있을까요? 부모님께 받는 용돈은 일반적으로 적은 돈이기 때문에 세금이 없지만, 일정 금액 이상의 큰돈을 받게 된다면 '증여세'라는 세금을 내야 해요.

국민들이 낸 세금은 교육, 국방, 의료 등 필요한 곳곳에 쓰이고 있어요.

생활 속 경제 이야기

이렇게나 다양한 세금들이 있다고?

　호흡, 방귀, 설탕. 전혀 관련 없어 보이는 이 단어들을 하나로 묶어줄 수 있는 단어가 있어요. 바로 '세금'이에요. 아니, 호흡이나 방귀에도 세금이 있다니 정말 놀랍지 않나요?

　남미 대륙에 있는 나라 베네수엘라에서는 시몬 볼리바르 국제공항을 이용하는 사람들을 대상으로 '호흡세'를 걷고 있어요. 공항이 오염 물질을 없앤 깨끗한 공기를 제공한다는 이유로 세금을 내야 한다는 것이죠.

　북유럽의 에스토니아에서는 소를 키우는 축산 농가에 '소 방귀세'라는 세금을 걷고 있어요. 소 방귀에는 이산화탄소보다 20배 이상 강력한 '메탄'이라는 온실가스를 포함하고 있기 때문이에요. 세금 이름이 다소 우습기도 하지만, 지구 온난화를 막기 위한 의미 있는 세금이지요.

　독일, 네덜란드 등 유럽의 몇몇 국가들은 강아지에게 세금을 부과하는 '강아지세'가 있어요. 반려견의 크기와 무게 등에 따라 그 세금이 달라지는데, 반려동물에 대한 책임을 강화하기 위해 만든 세금이라고 해요.

　핀란드, 뉴질랜드 등의 나라에서는 '설탕세'를 시행하고 있어요. 우리나라에서도 이 세금을 도입해야 한다는 이야기가 나오고 있는데요. 음식에 포함된 당의 비율에 따라 부과하는 세금으로 개인의 비만을 관리해 줄 수 있는 건강 세금으로 불린답니다.

세금을 내지 않으면 어떻게 될까?

세금을 내지 않으면 가장 먼저 '가산세'라는 것이 부과돼요. 가산세가 부과되면 원래 내야 하는 세금에 추가로 더 돈을 내야 해요. 그런데 가산세가 부과됨에도 불구하고 계속해서 세금을 내지 않는 사람들도 있어요. 이런 경우에는 세무서에서 세금이 밀린 사람에게 고지서와 독촉장을 보내요. 이러한 조치에도 세금을 내지 않고 버틴다면 다음 단계는 재산의 압류 절차에 따라 강제 징수를 하는 것이에요.

드라마나 영화에서 보면 갑자기 사람들이 집에 들이닥쳐 물건에 빨간 딱지를 붙이는 장면을 본 적이 있을 텐데요. 세금을 내지 않은 사람의 재산을 압류하는 것이에요.

세금을 신고하지 않거나 내지 않으면 가산세 외에도 일상 업무나 금융 거래 등에 불이익이 생길 수 있어요. 밀린 세금이 5,000만 원 이상이면 출국 금지 조치를 당할 수 있고, 2억 원 이상이면 고액·상습 체납자로 지정되어 인터넷에 신상이 공개될 수도 있어요.

06 사과 폰 vs 은하수 폰

"으아악~!"

큰 소리에 깜짝 놀란 엄마가 초등이의 방문을 열어 보니 초등이가 바닥에 놓인 스마트폰을 보며 망연자실한 표정을 짓고 있었어요. 실수로 스마트폰을 떨어뜨렸는데 그만 액정에 금이 가버린 거예요.

금방이라도 울 것 같은 얼굴인 초등이에게 엄마는 새로운 스마트폰을 사러 가자고 말씀하셨어요. 안 그래도 초등이가 오래된 스마트폰을 쓰고 있던 것이 내심 마음에 걸렸는데 이 기회에 바꿔 주기로 하신 것이죠.

한순간에 지옥과 천국을 오간 초등이. 스마트폰을 떨어뜨린 실수가 전화위복이 되었어요.

그날 오후 초등이는 엄마와 함께 집 근처에 있는 스마트폰 대리점을 방문했어요. 진열된 스마트폰을 바라보는 초등이의 눈이 그 어느 때보다 초롱초롱 빛이 났어요.

여러 가지 선택지 중 두 개의 스마트폰을 두고 초등이는 마지막까지 고민했어요. 디자인이 예뻐서 한번 사용해 보고 싶은 사과 브랜드의 스마트폰과 원하는 기능이 있고 기존에 사용하던 것과 비슷한 은하수 브랜드의 스마트폰 둘 다 마음에 들었거든요.

'우리나라 기업이 만든 제품을 사야 할까?' 하는 생각이 들면서도 요즘 사과 브랜드의 제품을 사용하는 친구들이 부쩍 많아진 것을 떠올리니 다시 사과 브랜드의 스마트폰으로 마음이 끌렸어요.

초등이는 어떤 브랜드의 스마트폰을 샀을까요?

우리나라에서 사용하는 외국 스마트폰, 해외에서 사용하는 대한민국 TV

TV나 SNS를 보면 해외에서 우리나라 제품을 사용하는 모습을 쉽게 찾아볼 수 있어요. 또 반대로 우리나라에서도 'Made in OOO'라고 쓰여 있는 해외 제품이나 물건들을 많이 사용하고 있어요.

세계 여러 나라에서 다른 나라의 제품을 사용할 수 있는 이유는 각 나라에서 생산한 것들을 해외로 이동시켰기 때문이에요. 이렇게 나라와 나라가 서로의 물건과 서비스 등을 사고파는 것을 '무역'이라고 해요.

우리가 사용하는 물품뿐만 아니라 드라마나 음악과 같은 문화, 기술, 노동력, 의료, 금융 등의 서비스도 나라 간에 거래가 이루어지고 있어요.

그렇다면 각 나라 간 무역을 하는 이유는 무엇일까요? 첫째, 나라마다 기후, 기술 발달, 노동력 등의 차이로 인해 자급자족이 어려운 부분을 해결하기 위해서예요. 둘째, 우리나라에서 얻을 수 있지만 그 양이 적거나 직접 만드는 비용이 더 많이 들기 때문이에요.

우리나라의 상품과 서비스를 외국으로 파는 것은 '수출'이라고 해요. 우리나라는 주로 자동차, 반도체 등을 수출해요. 또 우리나라 사람이 해외에 건물을 지으러 가서 외국 돈을 벌어 오는 것도 노동력을 수출한 거예요.

반대로 외국의 상품과 서비스를 우리나라로 사 오는 것을 '수입'이라고 해요. 우리나라는 석유, 천연가스, 밀 등과 같이 우리나라에 부족한 자원을 많이 수입해요. 우리나라 사람들에게 외국어를 가르치는 원어민 교사의 노동력도 수입이라고 할 수 있어요.

'우리나라가 수입은 적게 하고 수출만 많이 하면 돈을 더 벌 수 있는 거 아닌가?'라고 생각할 수 있어요. 하지만 그렇게 된다면 다른 나라는 우리나라와 교류하고 싶지 않을 거예요. 따라서 수출과 수입은 적절한 균형을 이루는 것이 바람직해요.

무역의 장벽을 허물어요, 자유 무역 협정(FTA)

'자유 무역 협정(FTA, Free Trade Agreement)'은 나라 간에 상품과 서비스가 자유롭게 이동할 수 있도록 무역 장벽을 없애자고 약속한 것이에요.

일반적으로 무역을 할 때 외국의 물건이 우리나라에 들어오거나 우리나라의 물건이 외국에 나가면 세금이 부과돼요. 이것을 '관세'라고 해요. 하지만 자유 무역 협정을 체결하면 서로 관세를 낮춰주거나 아예 없애는 등 거래하면서 생기는 장애물을 제거할 수 있어요. 쉽게 생각하면 자유 무역 협정을 맺은 국가는 경제적으로 친구가 된 거예요.

자유 무역 협정을 맺으면 나라 간에 무역이 더 자유롭고 활발해지는 장점이 있어요. 하지만 비슷한 조건의 물품을 해외에서 더 저렴한 가격에 수입하다 보면, 상대적으로 경쟁력이 약한 분야의 산업이 침체될 수 있는 문제도 있어요.

공정 무역이 뭐예요?

매년 5월 둘째 주 토요일, 이날은 '세계 공정 무역의 날'이에요.

'공정 무역'이란 개발도상국과 선진국 간의 불평등한 거래로 인해 발생한 문제들을 해결하기 위해 시작된 운동이에요. 생산자에게 정당한 노동의 대가를 지불하고, 소비자는 질 좋은 상품을 이용할 수 있게 하자는 취지가 담겨 있죠. 대표적인 공정 무역 상품에는 커피, 초콜릿, 축구공 등이 있어요.

공정 무역 상품 중 축구공은 32개의 조각을 바느질해서 완성 시킨다고 해요. 어느 한 세계적인 스포츠 기업이 파키스탄의 공장에 축구공 만드는 일을 맡겼는데, 바느질을 하는 사람들 중에는 어린이들도 포함되어 있다는 놀라운 사실이 알려졌어요. 그런데 더 충격적인 것은 하루종일 힘들게 바느질을 해도 이 어린이들이 받는 일당은 판매되는 축구공 가격에 비해 터무니없이 적다는 사실이었어요. 이 사실이 세상에 공개되자 여기저기서 비판의 목소리가 터져 나왔어요. 결국 기업은 잘못을 인정하고, 아이들에게 일을 시키지 않고 정당한 일당을 지급한다는 조건으로 다시 공장과 계약을 했다고 해요.

공정 무역 제품에는 공정 무역을 상징하는 마크가 있어요. 이 마크는 제품을 생산하는 사람에게 정당한 대가를 지불했다는 의미예요. 그래서 공정 무역 마크가 있는 제품을 구매하는 것은 흔히 '착한 소비'라고도 한답니다.

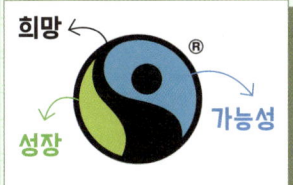

▲ 공정 무역 마크

▲ 공정 무역 마크가 있는 상품

07 해외에서 우리나라 돈을 사용할 수 있을까?

친구들이 아침부터 도준이 책상 주위를 빙 둘러싸고 있어요. 캐나다로 여행을 다녀온 도준이가 친구들 기념 선물을 사 왔기 때문이에요.

'나도 해외여행 가 보고 싶은데…'

그날 밤 숙제를 하고 있던 초등이에게 엄마가 무언가를 내밀었어요. 새로운 문제집인 줄 알고 대충 보고 치우려 했는데, 자세히 보니 여행 안내서였어요. 평소 해외여행을 가고 싶어 했던 초등이의 마음을 알고, 부모님께서 이번 가족 여행으로 해외여행을 준비하고 계셨던 것이죠.

너무 기쁜 나머지 아직 출발할 날짜가 한참 남았는데도 초등이는 벌써부터 짐을 챙기기 시작했어요. 빈 캐리어 속에 하나둘씩 물건을 채우던 초등이는 갑자기 궁금한 것이 생겨 스마트폰을 들었어요.

도준이와 대화를 마친 초등이는 많은 생각들로 머리가 복잡해졌어요. 우리나라 돈을 다른 나라 돈으로 바꿔야 한다는 것은 알겠는데, 환율은 무엇이고, 또 환율이 높고 낮다는 건 무슨 말일까요?

수입과 수출에 따라 변하는 환율

오늘의 환율 EXCHANGE RATE		
CASH / 현찰	YOUR BUYING 사실 때	YOUR SELLING 파실 때
🇺🇸 USD	1,334.34	1,288.46
🇯🇵 JPY	963.77	930.63
🇪🇺 EUR	1,445.55	1,389.43
🇨🇳 CNY	196.87	176.45
🇭🇰 HKD	170.85	164.19
🇹🇭 THB	41.43	37.31
🇦🇺 AUD	889.43	854.73
🇨🇦 CAD	990.81	952.15

은행이나 공항 환전소에 가면 여러 나라의 화폐 이름과 그 옆에 살 때와 팔 때의 금액이 적힌 표를 볼 수 있어요. 각 나라마다 화폐의 이름도 다르지만 화폐의 가치도 모두 달라요.

다른 종류의 화폐를 서로 바꾸는 것을 '환전'이라고 해요. 예를 들면 우리나라 돈을 미국 돈으로 바꾸는 것이죠. 그러면 가치가 서로 다른 두 나라의 화폐를 어떻게 바꿀 수 있을까요? 어느 한 나라와 다른 나라의 화폐를 서로 바꿀 때 화폐의 교환 비율을 '환율'이라고 하는데요. 바로 환율을 비교하여 환전할 수 있어요. 예를 들면 미국 돈 1달러에 해당하는 우리나라 돈(원화)의 값이에요.

환율은 고정된 것이 아니라 계속 변해요. 그러면 환율을 오르고 내리게 하는 것은 무엇일까요? 환율이 변하는 이유는 여러 가지가 있지만 그 중 대표적으로 수입과 수출에 따른 변화에 대해서 알아볼까요?

만약 우리나라에서 외국에 달러를 주고 수입을 더 많이 한다면 우리나라가 가지고 있는 달러의 총금액은 줄어들겠죠. 그러면 달러의 가치가 올라가서 1달러와 교환할 수 있는 우리나라의 원화 금액도 올라가요. 이 경우에 환율이 올랐다고 해요.

반대로 외국에 수출을 많이 하면 우리나라가 가지고 있는 달러는 많아져요. 그러면 달러의 가치는 하락하고, 1달러와 교환할 수 있는 우리나라의 원화 금액은 내려가요. 이 경우에는 환율이 떨어졌다고 해요.

생활 속 경제 이야기

편의점에서도 환전할 수 있다고?

우리나라 돈을 외국 돈으로 환전하기 위해서는 은행이나 공항 등의 환전소를 직접 방문해야 했어요. 하지만 편의점과 대형 마트에 외화 환전 키오스크가 도입되면서 집 근처에서도 편하게 환전할 수 있게 되었어요. 또 해외여행을 다녀오면서 미처 다 사용하지 못한 외국 지폐와 동전을 포인트로 적립해서 사용할 수도 있어요. 지금은 먼저 국내와 외국인 관광객들이 많이 모이는 장소부터 설치되어 시범 운영 중이에요.

은행이 문을 닫은 시간에 편의점에서 환전한다는 것은 예전이라면 상상하지 못할 일이었어요. 하지만 외화 환전 키오스크가 성공적으로 운영된다면 앞으로 많은 사람들이 더 자유롭게 환전할 수 있지 않을까요?

그것이 더 알고 싶다!

환율이 오르락내리락, 어떤 일이 일어날까?

환율이 오르면 해외에 물건을 팔고 얻는 수출 이익이 증가해요. 또한 이전과 같은 수익을 목표로 했을 때 더 낮은 가격으로 상품을 판매할 수 있으므로 가격 경쟁력이 상승해요.

환율이 오를 때 수출하는 사람에게 유리했다면, 반대로 환율이 떨어지면 수입하는 사람이 웃게 돼요. 환율이 내려가면 외국의 제품을 더 낮은 가격에 구입해 올 수 있기 때문이에요.

초등이와 함께하는
경제 이야기

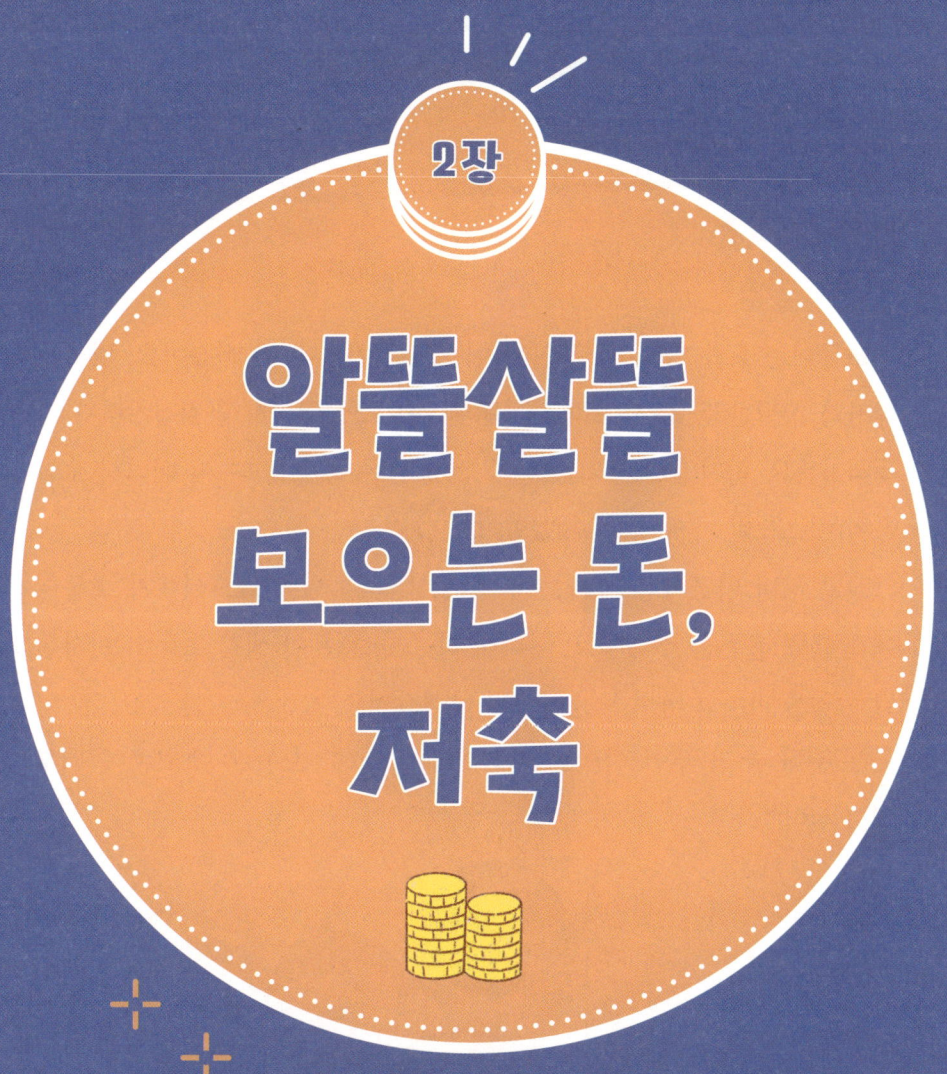

2장

알뜰살뜰
모으는 돈,
저축

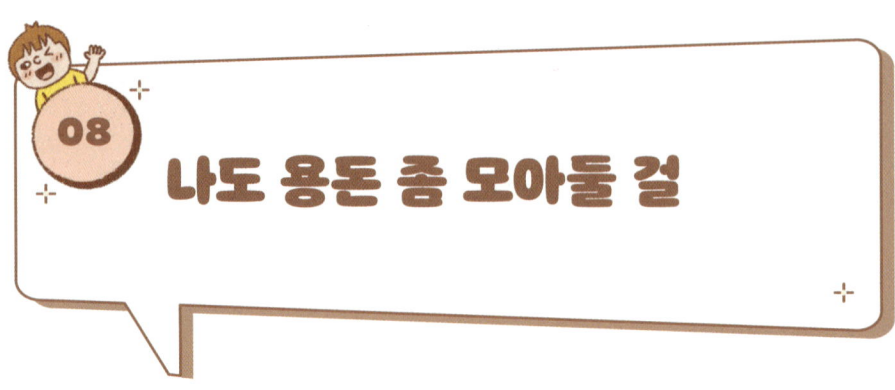

08 나도 용돈 좀 모아둘 걸

초등이는 요즘 학교 앞 무인 아이스크림 가게에 푹 빠졌어요. 맛있는 과자와 시원한 음료수, 그리고 달콤한 아이스크림까지 군것질거리가 가득하거든요. 하지만 초등이는 얼마 전에 받은 용돈을 다 써 버려서 오늘은 아이스크림 가게에 갈 수 없었어요.

그날 저녁 퇴근하신 아빠는 무슨 기분 좋은 일이 있으셨는지 초등이에게 특별 용돈을 주셨어요. 아니나 다를까, 용돈이 생긴 초등이는 다음 날 수업을 마치고 바로 도준이에게 달려갔어요.

"도준아, 우리 무인 아이스크림 가게에 갈래? 오늘은 초코콘이 너무 먹고 싶어!"

그런데 군것질을 좋아하는 도준이가 웬일인지 초등이의 제안을 거절했어요. 도준이는 요즘 용돈을 차곡차곡 모으는 데 재미를 붙였거든요. 초등이는 결국 혼자서 좋아하는 아이스크림을 사 먹었어요.

며칠 뒤 초등이와 도준이는 학교 수업이 끝나자마자 문방구로 전력 질주를 했어요. 요즘 유행하는 신제품 게임 카드가 문방구에 새로 들어오는 날이거든요.

그런데 카드를 구경하던 초등이의 얼굴이 갑자기 어두워졌어요. 신제품 게임 카드의 가격이 생각했던 것보다 비쌌기 때문이에요. 아이스크림 먹는 데에 용돈을 다 써 버린 초등이는 결국 신제품 게임 카드를 사지 못했어요. 반면 도준이는 그동안 차곡차곡 모아 놓은 용돈으로 원하는 게임 카드를 살 수 있었어요.

경제봇, 알려 주세요!

저축하는 습관이 중요해요!

"저축하는 습관을 가져야 해."

"돈을 아껴서 써야지!"

선생님이나 부모님으로부터 한 번쯤 들어본 말일 거예요. 내 용돈인데 내 마음대로 사용하지 못하다니 답답한 생각이 들 수 있어요.

꼭 필요한 데에만 쓰고, 돈을 아끼는 것을 '절약'이라고 해요. 그리고 절약해서 돈을 모아 두는 것을 '저축'이라고 하죠. 일을 하고 월급으로 받은 돈을 모으는 것, 부모님께 받은 용돈을 차곡차곡 모으는 것 모두 저축이에요. 그러면 왜 돈을 모으는 것이 중요하다고 하는 걸까요?

돈을 모아야 하는 이유는 첫째, 원하는 것을 사거나 돈과 관련된 결정을 내릴 때 더 다양한 선택을 할 수 있기 때문이에요. 평소에 돈을 아무 생각 없이 사용했다가는 막상 정말 필요한 순간에 돈이 없어서 원하는 것을 얻지 못하게 될 수도 있어요. 둘째, 미래에 예기치 못한 상황을 대비할 수 있기 때문이에요. 모아둔 돈이 있으면 갑자기 필요한 비싼 물건을 바로 구입할 수 있고, 해외여행, 수술비와 같이 큰돈이 필요할 때도 사용할 수 있어요.
　지금부터 저축하는 습관을 기른다면 어른이 되었을 때 현명한 경제생활을 할 수 있겠죠?

돈을 모으고 싶다면 이렇게 해 봐요!

저축이 중요하다는 것도 알고, 돈을 모으겠다는 결심도 했는데, 어떻게 모아야 할지 모르겠다고요? 먼저 저축 목표 금액을 세우고, 목표 금액을 달성했을 때 하고 싶은 것을 생각해 보세요.

방법 1 저축 목표 금액 세우기

특정 기간 동안 얼마의 돈을 모으고 싶은지 저축할 금액을 계획해 보세요.

각자의 환경이 다를 수 있으므로 나의 상황에 맞춰서 목표 금액을 설정하는 것이 좋아요.

방법 2 나에게 줄 선물 리스트 작성하기

목표 금액만큼 저축에 성공했을 때 그동안 모은 돈으로 나에게 어떤 선물을 줄 것인지 작성해 보세요.

하고 싶은 것을 미리 정해 놓으면 좀 더 쉽고 즐겁게 저축할 수 있어요.

그것이 더 알고 싶다!

돈을 많이 벌어야 저축을 많이 할 수 있다?

맞는 말이지만 꼭 그렇지만은 않아요. 물론 돈을 많이 버는 사람은 좀 더 많이 저축할 수 있는 여유가 있을 거예요. 하지만 저축액은 소비 습관에 따라 달라질 수 있어요. 돈을 많이 벌어도 그만큼 많이 쓴다면 저축액이 적을 것이고, 적게 벌어도 돈을 아껴 쓴다면 더 많은 금액을 저축할 수 있어요. 따라서 벌어들이는 돈의 액수가 꼭 저축률을 결정하는 것은 아니에요.

평소 근검절약하는 자세, 적은 돈도 소중히 여기는 마음이 훨씬 더 중요하답니다.

2장 | 알뜰살뜰 모으는 돈, 저축

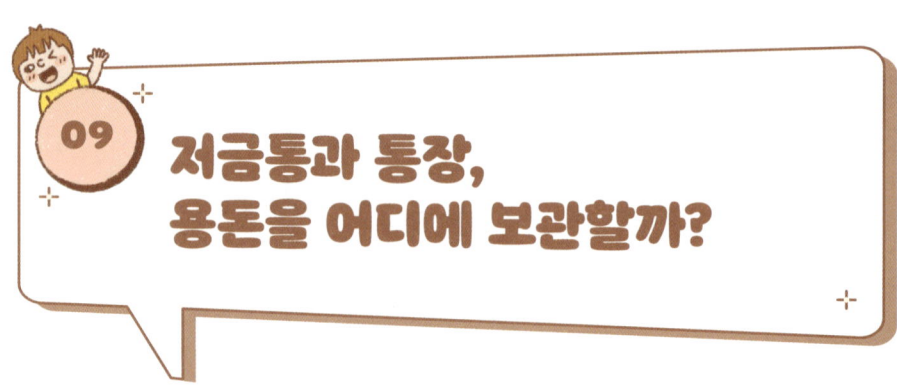

09 저금통과 통장, 용돈을 어디에 보관할까?

 토요일 아침, 초등이가 일찍부터 방 청소를 하고 있어요. 오늘은 같은 반 친구 슬기가 집에 놀러 오기로 한 날이거든요.
 청소를 마친 초등이는 배가 꽉 찬 저금통을 슬기에게 자랑하고 싶어서 책상 위 잘 보이는 곳에 올려놓았어요.
 "띵동!"
 "슬기다!"
 집에 들어온 슬기는 초등이의 방을 구경하다가 동전으로 꽉 찬 빨간 저금통을 발견했어요.

"초등아, 이 저금통에 있는 돈 다 네 거야? 우와~! 진짜 많이 모았네!"

"히히. 저금통에 돈이 쌓여가는 것을 보면 너무 신이 나. 슬기야, 너도 용돈 많이 모았어?"

"응, 그런데 나는 저금통 대신 다른 곳에 돈을 모으고 있어."

슬기의 대답을 들은 초등이는 의아한 표정을 지었어요.

"다른 곳? 어디에?"

"계좌! 나는 △△은행 계좌에 돈을 보관하고 있어. 큰돈은 아니지만 이자도 조금씩 받고 있다고! 하하하."

그 후로 한참을 떠들며 놀다가 슬기는 집으로 돌아갔고, 방에 남은 초등이는 문득 아쉬운 마음이 들었어요.

'이럴 수가! 은행 계좌는 어른들만 만들 수 있는 줄 알았는데, 슬기가 은행 계좌에 돈을 보관하고 있었다니…! 게다가 이자도 조금씩 받고 있다고? 그런데 이자는 어떻게 받는 거지? 어쨌든 부럽네. 나는 왜 은행 계좌에 돈을 넣어 둘 생각을 못 했을까?'

은행 계좌에 돈을 보관하면 어떤 점이 좋을까?

돈을 보관할 수 있는 방법은 여러 가지가 있어요. 저금통에 돈을 모을 수도 있고, 금고에 돈을 넣어 둘 수도 있어요. 하지만 대부분의 사람들은 은행 계좌에 돈을 보관하고 있지요.

저금통에 돈을 보관하면 돈이 얼마나 모였는지 눈으로 직접 확인이 가능하고, 필요할 때 바로 꺼내서 사용할 수 있다는 장점이 있어요. 하지만 그만큼 돈을 사용하고 싶은 유혹에 빠지기도 쉽겠죠? 마음만 먹으면 손쉽게 돈을 빼낼 수 있으니까요.

　은행 계좌에 돈을 보관하면 은행으로부터 '이자'를 받을 수 있다는 장점이 있어요. '이자'는 돈을 빌려 쓴 대가로 내는 돈이에요. 은행에서 돈을 빌려 쓰는 사람은 은행에 이자를 내고, 은행에서는 돈을 맡긴 사람들에게 비율에 따라 이자를 줘요. 그래서 사람들은 돈을 현금으로 가지고 있기보다는 조금의 이자라도 받을 수 있는 계좌에 돈을 보관해요.

　돈을 현금으로 가지고 있으면 분실할 위험이 있지만 은행에 맡기면 안전하게 보관할 수 있다는 장점이 있어요. 하지만 현금이 필요한 순간에는 돈을 바로 꺼내 사용하기 힘들다는 단점도 있어요. 계좌에 있는 돈은 근처에 있는 은행이나 현금 자동 입출금기(ATM)에서 출금해야 사용할 수 있기 때문이에요.

훼손된 돈도 버리지 마세요!

어느 집에서 전기 누전으로 인한 화재가 발생했는데, 이 사건으로 집에 보관 중이던 돈의 일부가 불에 타 버렸어요. 이렇게 불에 탄 돈, 과연 새 돈으로 바꿀 수 있을까요?

다행히 한국은행에서는 훼손된 돈을 새 돈으로 교환해 주고 있어요. 다만 화폐가 손상된 정도에 따라 교환할 수 있는 돈의 액수가 달라져요. 이때 손상된 후 남아 있는 면적의 크기에 따라 교환 금액을 결정해요.

화재로 큰 금액이 불에 탄 경우에는 화재발생증명서 등을 함께 제출하면 교환할 수 있는 금액을 판정하는 데 도움이 될 수 있어요.

손상 화폐 기준

남아 있는 면적이 원래 크기의 3/4 이상
▶ 전액으로 교환 가능
㉠ 10,000원 ⋯▶ 10,000원

남아 있는 면적이 원래 크기의 2/5 이상
▶ 반액으로 교환 가능
㉠ 10,000원 ⋯▶ 5,000원

남아 있는 면적이 원래 크기의 2/5 미만
▶ 교환할 수 없음
㉠ 10,000원 ⋯▶ 돌려받을 수 없음

그것이 더 알고 싶다!

은행은 내가 맡긴 돈을 모두 보관하고 있을까?

은행은 사람들이 맡긴 돈을 모두 보관하고 있을까요? 정답은 NO!

은행은 사람들이 맡긴 돈을 보관하기도 하지만, 맡긴 돈 중 일부는 보관하고 나머지는 돈이 필요한 개인이나 기업에게 빌려주고 있어요. 그렇다면 은행은 왜 돈을 모두 보관하지 않고 다른 사람에게 빌려주는 걸까요? 또 은행은 저축한 돈을 안전하게 보관해 주면서 어떻게 이자까지 줄 수 있는 걸까요?

은행은 개인이나 기업에게 돈을 빌려주고, 돈을 빌려준 대가로 이자를 받아 수익을 얻어요. 그리고 이자 수익 중의 일부는 은행에 돈을 맡긴 사람들에게 이자로 주는데 이러한 이유로 우리가 은행 계좌에 돈을 보관하면 이자가 생기는 거예요.

결국 우리가 은행에 저축을 하면 그 돈의 일부를 상황이 어려운 개인이나 기업이 경제 성장을 할 수 있도록 빌려주는 것이므로 우리나라 경제에도 도움이 되는 일이라고 할 수 있어요.

2장 | 알뜰살뜰 모으는 돈, 저축

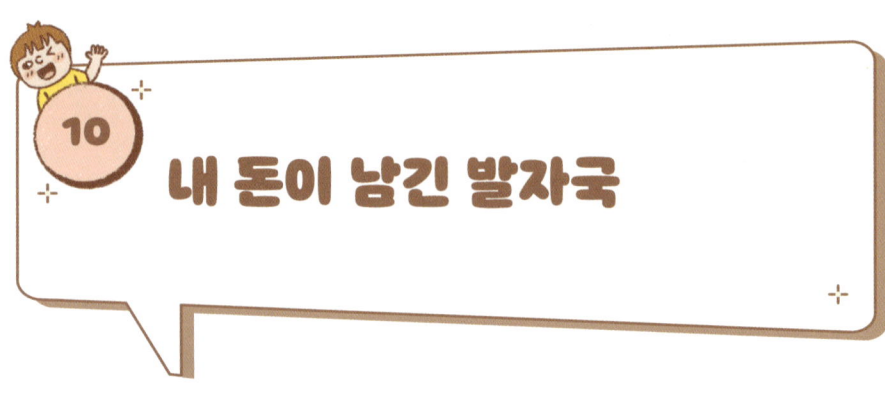

10 내 돈이 남긴 발자국

"엥? 이것밖에 없다고?"

친구들과 놀기로 약속한 날, 지갑을 확인한 초등이는 기분이 우울해졌어요. 분명 이번 달 용돈을 충분히 받았던 것 같은데, 남은 돈이 조금밖에 없는 거예요.

'내가 돈을 어디에 얼마나 쓴 거지? 지난주에는 친구 생일 선물을 샀고, 어제는 핫도그를 사 먹었고, 또…'

생각하다 보니 초등이의 머릿속이 복잡해졌어요. 용돈을 어디에 사용했는지 정확하게 기억나지 않고, 조각조각 떠올랐거든요.

'에라 모르겠다!'

돈이 부족했던 초등이는 결국 엄마한테 솔직히 털어놓기로 했어요.

"엄마, 저… 저 용돈 조금만 더 주세요."

"용돈을 더? 이번 달에 용돈 넉넉히 준 것 같은데?"

"사실은요, 용돈을 계획 없이 쓰다 보니 벌써 다 써 비렸어요."

초등이의 간절한 마음이 엄마에게 전달된 걸까요? 엄마가 지갑을 열면서 말씀하셨어요.

"좋아! 엄마가 이번 달은 특별히 용돈을 조금 더 줄게. 대신에 엄마랑 약속 하나만 할까? 앞으로 용돈 기입장을 쓰기로! 어때?

초등이는 그동안 한 번도 용돈 기입장을 작성해 본 적이 없었지만 당장 급한 불을 끄기 위해 엄마와 약속을 하고 밖으로 나왔어요. 하지만 속으로는 의문이 들었어요.

'용돈을 쓸 때마다 용돈 기입장에 다 적어야 하는 건가? 아, 벌써부터 귀찮은데…. 용돈 기입장을 쓴다고 뭐가 달라질까?'

계획적인 돈 관리를 위한 예산 세우기

    자신의 욕망을 충족시키기 위해서 돈이나 시간, 노력 등을 들이거나 쓰는 것을 '소비'라고 해요. 보통 내가 원하는 것을 얻기 위해 돈을 사용했을 때 '소비했다'라고 해요.
    우리가 사용하고 있는 돈은 사용 목적에 따라 분류해 볼 수 있어요. 꼭 필요한 곳에 돈을 사용하는 '필수 소비', 미래에 이익을 얻기 위한 곳에 돈을 사용하는 '투자 소비', 그리고 불필요한 곳에 돈을 사용하는 '낭비 소비'로 나눌 수 있어요.

　돈을 계획적으로 관리하고 현명하게 사용하기 위해서는 내가 사용하는 돈이 어떤 소비에 해당하는지 구별할 수 있어야 해요. 이를 한눈에 알아볼 수 있는 좋은 방법은 용돈 기입장을 작성해 보는 거예요.

　용돈 기입장을 정리하면 나만의 소비 습관, 돈을 사용한 목적, 그리고 어디에 돈을 낭비하는지 파악할 수 있어요. 또 앞으로 돈을 어떻게 관리하고 어디에 사용하면 좋을지도 생각해 볼 수 있어요.

　얼마만큼의 돈이 들어오고, 어떻게 돈을 사용할지 계획하는 것을 '예산'이라고 해요. 용돈 기입장에 적힌 내 돈의 발자국들을 따라가 보면 나의 소비 습관을 반성하며 예산을 더 효율적으로 세울 수 있답니다.

용돈 기입장은 어떻게 작성할까?

용돈 기입장을 작성하는 방법이 따로 정해져 있는 것은 아니에요. 보통은 날짜와 받은 돈, 쓴 돈, 그리고 남은 돈이 얼마인지 작성해요.

받은 돈은 매월 부모님께 받는 정기 용돈, 세뱃돈과 같은 보너스 용돈, 그리고 내가 직접 일을 한 대가로 받은 보상 용돈 등으로 구분해서 작성할 수 있어요.

쓴 돈은 사용한 목적에 따라 꼭 필요해서 사용했는지 아니면 내가 그냥 원해서 사용한 것인지 나눠서 생각해 볼 수 있어요. 돈을 사용한 후의 만족도에 대해서 함께 작성해 봐도 좋아요.

이외에 돈이 들어온 이유, 돈을 사용하면서 들었던 생각이나 감정 등을 메모 공간에 추가로 적을 수 있어요. 또 용돈을 관리하면서 잘한 점과 잘못한 점도 함께 작성해 보면 자신의 소비 습관이나 낭비하는 돈을 파악하는 데 도움이 돼요.

___월 용돈 기입장	정기 용돈	보너스 용돈	보상 용돈
받은 돈 (+)			
이번 달 받은 돈 ♡메모♡			
쓴 돈 (-)		꼭 필요한 곳에 사용	내가 원해서 사용
	만족 ☺		
	불만족 ☹		
이번 달 받은 돈 ♡메모♡			

시드머니(종잣돈)를 모아야 하는 이유

투자나 사업 등의 활동을 위해 모아 놓은 돈을 '시드머니', 다른 말로는 '종잣돈'이라고도 해요. 즉, '시드(seed, 씨앗)'와 '머니(money, 돈)'가 합쳐져서 만들어진 단어로 투자나 사업을 위한 씨앗(돈)을 의미해요.

뉴스나 책을 보면 '시드머니의 중요성', '시드머니를 반드시 모아야 하는 이유' 등의 기사나 문구를 쉽게 찾아볼 수 있어요. 그렇다면 시드머니를 모으는 이유는 무엇일까요? 그 이유는 첫째, 더 높은 투자 수익을 얻을 수 있기 때문이에요. 1백만 원을 모았을 때 1% 수익은 1만 원이지만, 1억 원을 모았을 때 1% 수익은 100만 원이에요. 같은 수익률이더라도 시드머가 클수록 더 많은 돈을 벌 수 있어요. 둘째, 시드머니를 모으면 투자할 수 있는 선택지가 다양해지기 때문이에요. 적은 돈으로 투자할 때보다 시드머니를 충분히 모았을 때 내가 원하는 곳에 여유로운 마음으로 투자할 수 있어요.

미래에 투자할 수 있는 적절한 시기가 찾아왔을 때 기회를 놓치지 않으려면 지금부터 차곡차곡 시드머니를 모아야 하겠죠?

11 돈을 불려서 돌려준다고?

"초등아, 엄마한테 돈 맡기면 나중에 불려서 준다니까~!"

할아버지 댁에 다녀오는 길, 엄마는 초등이가 솔깃할 만한 제안을 했어요. 초등이가 할아버지, 할머니께 용돈을 받을 때면 엄마는 매번 돈을 불려서 돌려주겠다고 말씀하셨고, 그때마다 초등이는 엄마한테 용돈을 맡겼어요. 그런데 오늘은 초등이의 표정이 심상치 않아요. 잔뜩 찡그린 얼굴로 초등이가 답했어요.

"싫어요! 작년 그리고 재작년에 엄마한테 맡긴 돈도 아직 돌려받지 못했다고요! 제 돈이 잘 있는지 확인하기 전까지는 이제 못 믿어요. 흥!"

초등이의 거절에 당황한 아빠와 엄마는 웃으며 대답하셨어요.

"우리 초등이 다 컸네. 요즘 경제 공부 열심히 하더니 돈에 관심이 많아졌구나! 아주 바람직한 태도야. 그러면 초등이 용돈이 잘 있는지 어디 한번 확인해 볼까?"

엄마는 곧장 스마트폰을 꺼내 화면 속 스마트 뱅킹 앱을 실행시켰고, 거기에는 초등이의 이름으로 개설된 통장이 보였어요. 엄마는 그동안 초등이가 받았던 용돈을 보통 예금 계좌에 넣고 있었어요.

자신의 통장을 보자마자 어두웠던 초등이의 표정이 금세 밝아졌어요. 게다가 엄마가 말씀하셨던 것처럼 정말 돈이 늘어나 있었어요.

엄마가 내 용돈을 몰래 쓴 것은 아닌지 사실 걱정이 이만저만이 아니었는데, 오해를 한 초등이는 엄마에게 죄송한 마음이 들었어요.

다양한 저축 상품을 알아볼까요?

'예금'은 일정한 계약에 따라 은행에 돈을 맡기는 것이에요. 사람마다 가지고 있는 돈의 액수가 다르고, 돈을 저축하는 목적이 다르기 때문에 자신의 상황에 맞게 예금을 선택할 수 있지요. 대표적인 예금 상품으로는 보통 예금, 정기 적금, 정기 예금 등이 있어요.

'보통 예금'은 은행에 돈을 맡겨 놓고 내가 원하면 아무 때나 찾을 수 있는 예금이에요. 은행 입장에서는 맡은 돈을 다른 사람에게 쉽게 빌려줄 수 없겠죠. 돈을 맡긴 사람이 언제 돈을 찾으러 올지 모르니까요. 따라서 보통 예금의 경우 이자율은 낮은 편이에요.

'정기 적금'은 매달 일정한 금액을 일정 기간 동안 저축하고 목표한 기간에 도달하면 이자와 함께 맡긴 돈을 찾는 것이에요. 단, 정한 기간 안에는 돈을 찾지 않기로 약속해요. 따라서 은행은 이 돈을 다른 사람에게 빌려줄 수도 있어요.

'정기 예금'은 당장 필요 없는 큰돈을 한 번에 일정 기간(약 1~3년) 동안 은행에 맡기고, 정한 기간 이후에 이자와 함께 돈을 찾는 것이에요.

정기 적금과 정기 예금은 계약 기간 동안 돈을 찾지 않는 것을 약속하기 때문에 보통 예금보다는 이자율이 높아요.

생활 속 경제 이야기

정기 적금을 중간에 해지한다면?

좋아하는 아이돌 그룹의 한정판 굿즈(goods)가 나오거나 깜빡 잊고 있었던 친구의 생일 선물을 사야 하는 등 갑작스레 큰돈이 필요한 상황이 생길 수 있어요. 이렇게 갑자기 큰돈이 필요한 상황이 생기면 정기 적금 상품의 계약 기간을 다 채우지 못하고, 중간에 해지하고 싶은 마음이 들 거예요.

적금을 중간에 해지하면 그동안 은행에 맡겼던 돈은 그대로 돌려받을 수 있지만, 이자는 처음 약속한 것만큼 받을 수 없어요. 정기 적금을 중간에 해지할 경우 은행은 약속한 것보다 더 낮은 이자율로 계산해서 이자를 돌려주기 때문이에요. 따라서 정기 적금에 가입할 때는 중간에 돈을 찾아야 하는 상황이 생기지는 않을지 신중하게 생각해 본 후에 결정해야 해요.

그것이 더 알고 싶다!

사람들이 은행에 맡긴 돈을 한꺼번에 찾는다면?

은행에 돈을 맡긴 사람들이 맡긴 돈을 돌려받지 못할 수도 있다는 두려움에 한꺼번에 은행에 찾아가 돈을 찾는 대규모 인출 사태를 '뱅크런'이라고 해요.

뱅크런은 은행에 대한 신뢰가 깨지면서 발생하는 현상으로, 경제 상황이 점점 나빠지자 사람들은 은행이 맡긴 돈을 돌려줄 능력이 없다고 생각한 것이죠.

뱅크런 현상은 다른 은행까지도 연쇄적으로 악영향을 끼칠 수 있어요. 만약 A은행이 맡긴 돈을 돌려주지 못해서 뱅크런 위기에 처해 있다는 소문이 들리면 B은행에 돈을 맡긴 사람들도 두려운 마음이 들어 미리 돈을 찾으려 할 거예요. 그러면 당장 돌려줄 수 있는 돈이 바닥난 은행들은 패닉 상태에 빠지게 되겠죠. 뱅크런이 일어나면 건실한 은행까지도 파산하게 될 수 있답니다.

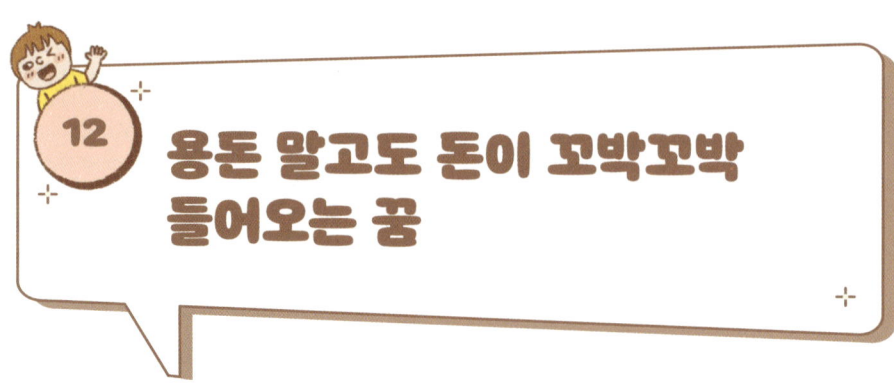

12 용돈 말고도 돈이 꼬박꼬박 들어오는 꿈

　용돈 기입장을 작성하던 초등이가 연필을 내려놓으며 한숨을 푹 내쉬었어요. 매달 들어오는 돈은 일정한데 나가는 돈은 점점 많아지는 느낌이 들었거든요. 이번 달에는 친구 생일 파티가 있어서 선물도 사야 하는데 벌써 용돈을 거의 다 써 버렸어요. 아무래도 이번 달 역시 저축은 물 건너간 것 같아요. 부모님께 용돈을 더 늘려 달라고 몇 번이나 말씀드려 봤지만, 그때마다 매번 돈을 아껴 쓰라는 말만 되돌아왔어요.

　그날 밤 초등이는 용돈 말고도 매달 돈이 추가로 꼬박꼬박 들어오는 꿈을 꾸었어요. 친구 도준이에게 줄 근사한 선물을 샀는데도 돈이 많이 남아서 저축까지 한 아주 기분 좋은 꿈이었어요.

다음날 초등이는 쉬는 시간이 되었는데도 꿈쩍하지 않는 도준이의 자리에 찾아갔어요. 평소에는 쉬는 시간 종이 울리자마자 초등이에게 장난을 치러 오는 도준이인데, 오늘은 자리에 앉아 무언가에 집중하는 모습이에요. 초등이가 다가가 보니 도준이는 태블릿 PC에 만화 캐릭터를 그리고 있었어요.

"도준아, 너 뭐 해?"

"깜짝이야! 나 이모티콘 캐릭터 그리고 있었어."

"엥? 갑자기 왜?"

"사실 얼마 전부터 엄마랑 같이 이모티콘을 만들어서 인터넷에 팔기 시작했거든. 재미있기도 하고 돈도 벌 수 있어. 일석이조라고!"

초등이는 도준이의 대답을 듣고 깜짝 놀랐어요. 그저 놀기만 좋아하는 장난꾸러기 친구인 줄 알았는데, 용돈 말고도 그림을 그려서 보너스 용돈까지 얻는 도준이가 대단하고 부러웠어요. 동시에 전날 꾸었던 꿈이 떠올랐어요.

'나도 보너스 용돈을 벌어 보는 거야! 그런데 어떻게 돈을 벌 수 있을까?'

경제봇, 알려 주세요!

돈을 버는 방법이 이렇게 다양하다고?

저축하기 위해서는 돈이 필요해요. 그런데 용돈만으로 필요한 것들을 사고 저축까지 하기에는 돈이 부족할 때가 있어요. 용돈 말고도 추가로 들어오는 돈이 있다면 저축할 수 있는 돈이 더 많아지지 않을까요?

경제 활동의 대가로 얻는 돈을 '수입'이라고 해요. 수입의 종류에는 노동 수입, 사업 수입, 자본 수입, 투자 수입 등이 있어요.

노동 수입은 내가 열심히 일한 대가로 받는 돈이에요. 직장에서 일을 하고 월급을 받는 것, 편의점에서 아르바이트를 하고 받는 돈 등이 노동 수입에 해당돼요.

사업 수입은 자신이 운영하는 회사, 가게를 통해 물건 또는 서비스를 판매하여 벌어들이는 돈이에요. 음식점을 운영하는 사람의 식당 매출, 온라인 스토어에서 장난감을 판매하여 얻는 수익 등을 사업 수입이라고 할 수 있어요.

　자본 수입은 내가 가진 자본인 땅, 집, 건물 등을 빌려준 대가로 받는 돈이에요. 자본 수입의 대표적인 예로 아파트를 빌려주고 받는 월세가 있어요. 또 돈을 빌려주거나 저축해서 받는 돈도 자본 소득에 포함돼요. 최근에는 개인의 창작물에 대한 특허권이나 저작권이 있는 자료를 사용하게 해 준 대가로 자본 수입을 얻는 사람들도 많아지고 있지요.

　마지막으로 투자 수입은 투자 활동을 통해서 벌어들이는 돈이에요. 주식이나 펀드, 채권 등 금융 상품을 구입한 후 더 비싼 금액으로 판매하여 얻는 수익을 투자 수입이라고 해요.

　아직은 들어오는 돈이 용돈밖에 없지만 다양한 수입의 종류를 알고 있으면 나중에 돈을 벌 때 큰 도움이 되겠죠?

생활 속 경제 이야기

스스로 용돈을
벌고 싶어요!

아쉽지만 초등학생은 사회에 나가서 스스로 돈을 벌 수 없어요. 우리나라에서는 법적으로 만 15세 이상부터 아르바이트를 할 수 있거든요.

청소년의 경우 아르바이트를 할 때 반드시 부모님의 동의를 받아야 해요. 법정대리인 동의서, 가족관계증명서를 제출하지 않으면 일을 할 수 없어요.

아르바이트를 하기 전에는 꼭 근로 계약서를 작성해야 해요. 근로 계약서는 일을 하는 시간, 급여 등 근로 조건을 문서로 남겨 놓은 것이에요. 만약 근로 계약서를 작성하지 않으면 계약 기간이 남았음에도 불구하고 해고당할 수 있고, 돈을 제때 받지 못하는 등의 부당한 대우를 받을 수 있어요.

아르바이트는 스스로 용돈을 벌고 사회생활을 경험해 볼 수 있는 좋은 기회예요. 하지만 아르바이트 때문에 학교 공부에 뒤처지고, 늦잠을 자서 지각을 하는 등 나의 생활에 좋지 않은 영향을 미친다면 오히려 독이 될 수도 있어요.

자본을 가져야 하는 이유

안정된 직장을 갖고, 월급이라는 노동 수입을 얻는 것은 매우 중요한 일이에요. 하지만 우리가 평생 일만 할 수는 없기 때문에 노동 수입 외에도 다양한 수입을 얻기 위해 노력해야 해요.

자본은 기업이나 개인이 가지고 있는 돈, 부동산, 주식 등의 자산을 말해요. 우리가 잠을 자는 순간에도 자본은 끊임없이 나를 위해서 일해요. 땅을 가지고 있는 사람은 땅의 가격이 올랐을 때 이익을 얻기도 하고, 다른 사람에게 땅을 빌려주고 세를 받기도 해요. 또 회사의 주식을 소유하고 있는 사람은 주식 가격이 상승했을 때 기업의 성장과 함께 수익을 얻을 수 있어요.

처음에는 자본이 많지 않기 때문에 자본 수입이 노동 수입보다 적을 수 있어요. 하지만 노동을 해서 마련한 돈으로 자본을 차곡차곡 모으면 어느 순간 일해서 벌 수 있는 돈보다 자본으로 벌어들이는 돈이 훨씬 많아질 수도 있겠죠?

13 저축만 해도 위험하다고?

초등이는 오늘도 학원 수업이 끝나자마자 가장 좋아하는 간식인 떡볶이를 먹기 위해 분식집으로 달려갔어요. 그런데 사실 초등이는 요즘 분식집에 가는 것이 조금 눈치가 보여요. 예전에는 매번 웃으며 초등이를 반겨 주시던 분식집 아주머니께서 어느 날부터인가 표정이 어두워지셨거든요.

주문한 떡볶이를 기다리던 초등이가 용기를 내어 아주머니께 말을 걸었어요.

"아주머니, 요즘 무슨 안 좋은 일 있으세요?"

초등이의 물음에 떡볶이를 담던 아주머니는 한숨을 푹 내쉬며 말씀하셨어요.

"요즘 장사가 예전 같지 않아서 그만둬야 할지 고민이란다. 사람들이 소비를 줄여서 그런지 떡볶이 매출이 워낙 줄었으니 원…."

아주머니의 대답을 듣고 머쓱해진 초등이는 애써 웃으며 말했어요.

"아주머니, 힘내세요! 저라도 많이 사 먹을게요!"

최근에 초등이네 가족도 돈을 아껴야 한다는 이유로 외식을 거의 하지 않았는데, 오랜 단골이었던 떡볶이 가게가 없어질지도 모른다고 생각하니 안타까운 마음이 들었어요.

아주머니께서는 그간 초등이에게 무심하게 대한 것이 미안하셨는지 그릇이 넘칠 만큼 떡볶이를 가득 담아 주셨어요. 초등이는 떡볶이를 먹고 나오면서 예전처럼 많은 사람들이 분식집을 찾으면 좋겠다고 생각했어요.

소비는 하지 않고 저축만 한다면 어떻게 될까?

소비는 NO! 저축은 YES! 만약 사람들이 돈을 가지고 있어도 소비는 하지 않고 저축만 한다면 우리 사회는 어떻게 될까요?

사람들이 소비하지 않으면 팔리지 않은 물건들이 점점 창고에 쌓이게 돼요. 물건을 팔지 못한 기업들은 이전만큼 돈을 벌지 못하게 되니 일하는 직원들에게 월급을 주기가 어려워질 거예요. 또 제품을 만드는 데에 필요한 돈이 부족해서 생산을 줄일 수밖에 없겠죠. 그 결과 일자리를 잃는 사람이 많아지고, 일자리를 잃어 고정 수입이 줄어든 사람들은 소비를 줄일 수밖에 없는 악순환이 반복될 거예요.

이런 상황을 해결하기 위해서는 어느 정도의 소비가 꼭 필요해요. 사람들이 소비를 해야 기업이 돈을 벌 수 있고, 그 돈으로 새로운 상품에 투자하거나 일자리를 늘릴 수 있기 때문이에요. 그리고 사람들은 일한 대가로 받은 월급으로 미래를 위해 저축하거나 다양한 소비를 할 수 있는 것이죠.

사람들은 소비를 통해 원하는 물건을 얻거나 취미를 즐기면서 행복감을 얻기도 해요. 하지만 돈을 모으는 것만이 목표가 되면 그런 즐거움을 마음껏 누릴 수 없고, 현재 삶의 만족도가 낮아질 수 있어요.

소비와 저축이 어느 한쪽으로 치우치지 않고 적절하게 균형을 이룰 때 개인과 기업 모두 잘 살 수 있어요.

생활 속 경제 이야기

현재의 행복을 즐기는 욜로족
vs 미래를 위해 준비하는 파이어족

현재의 만족보다는 미래의 행복을 위해 소비를 줄이고 돈을 모으는 사람이 있다면, 이와 반대로 현재의 행복과 만족을 중요하게 생각하는 사람도 있어요.

미래의 행복보다는 현재 삶의 질을 높여줄 수 있는 것들에 집중하여 소비하는 사람들을 '욜로(YOLO)족'이라고 불러요. '인생은 한 번 뿐이다'를 뜻하는 'You Only Live Once'의 앞 글자를 따서 만들어진 말이죠. 반대로 미래의 경제적 부를 위해 소비를 아끼고 현재를 희생하는 사람들도 있어요. 경제적인 자금을 미리 모아 조기 은퇴를 꿈꾸는 사람들로 '파이어족'이라고 해요.

현재를 마음껏 누리고 살아갈지 미래를 위해 잠시 참을지는 개인의 선택에 달려 있어요.

0원으로 살아 보자, 무지출 챌린지

치솟는 물가에 생활비를 조금이라도 아껴보려고 노력하는 사람들이 있어요. 특히 상대적으로 돈이 부족한 젊은 세대에서 돈을 쓰지 않는 것을 뜻하는 '무지출'과 도전을 의미하는 단어 'challenge(챌린지)'가 합쳐진 '무지출 챌린지'가 새로운 트렌드로 자리 잡으며 유행하고 있어요.

무지출 챌린지를 하는 이유는 배달 음식, 군것질거리 등 일상생활 속에서 습관적으로 낭비하는 소비를 줄이기 위한 것이에요. 최대한 소비를 줄이고, 돈을 알뜰살뜰 모으는 것이죠. 돈을 내고 밖에서 밥을 사 먹는 대신, 냉장고에 남아 있는 재료들을 활용해 직접 음식을 해 먹거나 도시락을 싸서 들고 다닐 수 있어요. 또 대중교통이나 택시 대신 자전거를 타거나 걸어서 다니기 등으로 무지출 챌린지를 실천할 수도 있어요.

초등이와 함께하는
경제 이야기

3장
현명하게 사용하는 돈, 소비

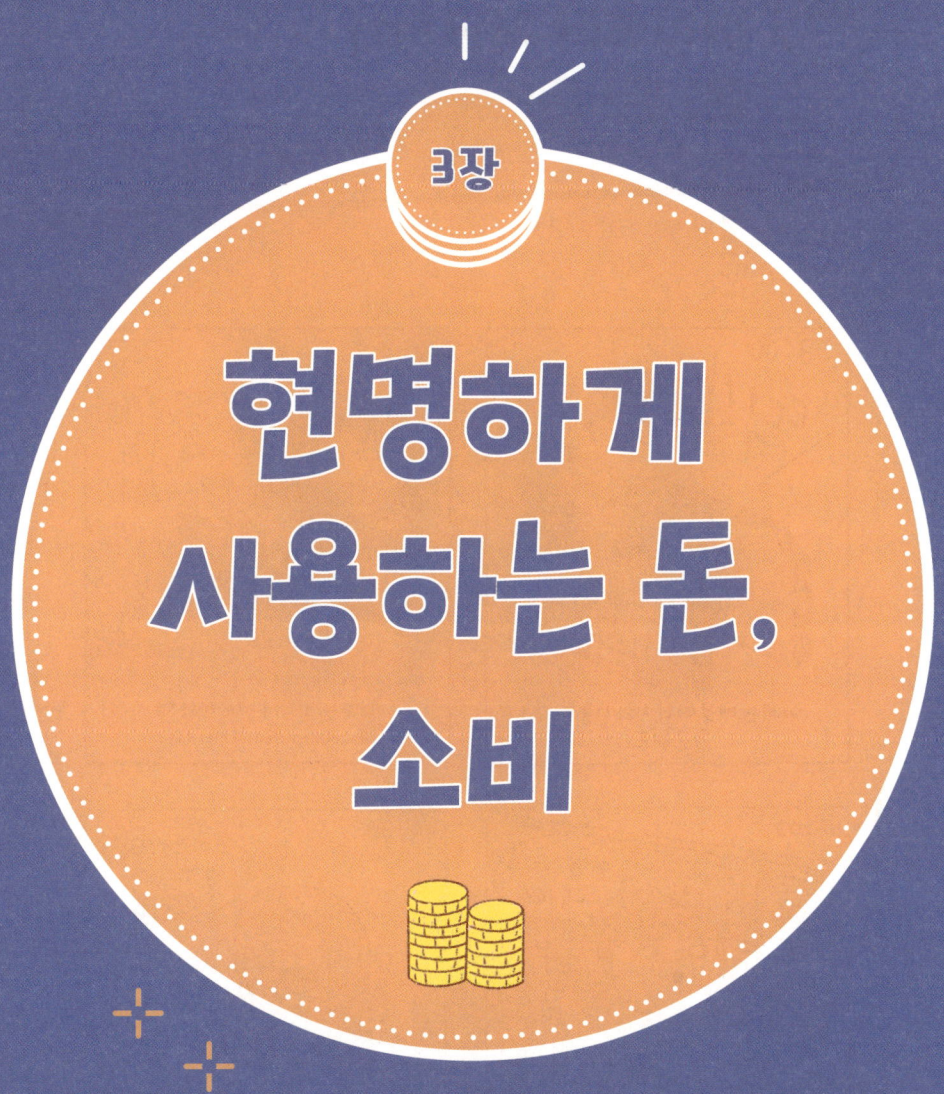

14 아침부터 저녁까지 돈! 돈! 돈!

08:00
아빠는 매일 아침 지하철을 타고 출근해요.

12:00
엄마는 점심시간에 회사 앞 카페에서 커피를 마셔요.

15:00
어떤 과자를 고를까?
부모님께서 주신 용돈으로 학원에 가기 전 편의점에서 과자와 음료수를 사 먹어요.

19:00
스마트폰으로 관리비 이체 완료!
이번 달은 관리비가 많이 나왔어요. 엄마가 계좌 이체로 관리비를 납부해요.

초등이는 학교 숙제로 '우리 가족의 하루'를 담은 브이로그를 촬영했어요. 아빠, 엄마, 그리고 내가 하루를 어떻게 보내는지, 무엇을 하는지 가족의 모습을 생생히 담았어요.

촬영한 영상을 재미있게 보던 초등이는 가족들의 하루가 대부분 돈과 관련되어 있다는 생각이 들었어요. 장소와 방식은 달랐지만 필요한 것을 사고, 원하는 것을 얻기 위해 돈을 쓴다는 점은 같았어요.

"아침부터 저녁까지 다 돈, 돈, 돈이구나! 돈이 안 나가는 데가 없네!"

초등이는 지난번 엄마가 가계부를 보며 하소연하듯 쏟아 내셨던 말들이 떠올랐어요. 그때는 무슨 말인지 잘 몰랐는데, 영상 속에 담긴 하루 동안의 모습을 살펴보니 엄마가 왜 그렇게 말씀하셨는지 조금이나마 이해할 수 있었어요.

다양한 방식의 소비

 일상생활에서 소비는 다양한 방식으로 이루어져요. 현금으로 물건을 살 수 있고, 체크 카드나 신용 카드로 결제할 수도 있어요. 최근에는 지역 경제 활성화를 위해 생겨난 지역 화폐를 이용하는 사람들도 많이 늘어났어요. 또 인터넷이 발달하면서 스마트폰 뱅킹 서비스를 이용해 계좌 이체를 하는 모습도 볼 수 있어요. 이런 다양한 소비 방식에는 각각의 장점과 단점이 있어요.

 현금을 사용할 때의 장점은 카드와 달리 수수료 등의 추가 비용이 없다는 것이에요. 또 사용한 금액이 명확해서 예산을 지키기 쉬워요. 하지만 도난과 분실의 위험이 있고, 지갑에 넣고 다니기 불편할 수 있어요.

카드 결제는 현금보다 더욱 편리하게 사용할 수 있다는 것이 큰 장점이에요. 일부 카드는 포인트 적립이나 할인 등의 혜택도 제공하고 있어요. 또 카드를 사용하면 거래 기록이 남아서 다른 사람들이 함부로 가져가 사용할 수 없어요. 하지만 카드를 계획 없이 사용한다면 예산을 초과할 수 있으니 주의해야 해요.

모바일 결제는 언제 어디서나 스마트폰만 있으면 결제가 가능하다는 장점이 있어요. 하지만 스마트폰을 분실하거나 해킹으로 개인 정보가 유출될 수 있다는 위험이 있어요. 또 일부 가게에서는 모바일 결제를 지원하지 않는다는 것도 모바일 결제의 단점이라고 할 수 있어요.

마지막으로 지역 화폐는 지역 상인들을 지원할 수 있고, 지역 주민들이 할인 혜택을 받을 수 있다는 장점이 있어요. 하지만 사용 가능한 매장이 한정되어 있다는 것이 단점이에요.

생활 속 경제 이야기

신용 카드를 사용하면 돈을 더 많이 쓰는 이유

신용 카드를 사용할 때보다 현금으로 돈을 낼 때 우리의 뇌는 더 큰 고통을 느낀다고 해요. 현금을 사용하면 내가 가지고 있는 돈이 눈앞에서 사라지는 것을 즉각적으로 느낄 수 있기 때문이죠. 반대로 신용 카드로 결제할 때는 당장 돈이 빠져나가는 모습이 눈에 보이지 않고, 결제가 끝나면 카드를 다시 돌려받기 때문에 현금을 쓸 때와 달리 우리 뇌는 돈이 없어진다는 고통을 덜 느끼게 돼요. 그래서 사람들은 카드로 결제할 때 돈을 사용한다는 자책감을 덜 느끼고, 현금을 쓸 때보다 더 쉽게 소비하는 것이에요.

하지만 돈을 아끼려고 매번 현금을 들고 다니는 것은 불편하기 때문에 대신 체크 카드를 사용할 수 있어요. 체크 카드는 신용 카드와 같은 방법으로 돈을 사용하지만, 내가 통장에 가지고 있는 금액 만큼만 사용할 수 있어요. 또 돈이 얼마나 빠져나가고 남았는지를 바로 확인할 수 있어 과도한 지출을 막을 수 있어요. 현명하고 알뜰한 소비를 위해서는 신용 카드 보다는 체크 카드나 현금을 사용하는 것이 좋겠죠?

동영상을 보는 것이 소비라고요?

　소비는 돈뿐만 아니라 시간, 노력 등을 사용하는 것도 포함해요. 따라서 스마트폰으로 동영상을 보는 것도 시간을 소비하는 것이라고 볼 수 있어요. 그런데 우리가 스마트폰으로 동영상을 볼 때 시간만 소비하는 것은 아니에요. 동영상 시청 전, 또는 중간에 나오는 광고를 보는 것도 나의 소비 활동에 영향을 미치기 때문이에요.

　유명 인플루언서가 소개하는 상품, 구독한 영상 페이지에 자주 등장하는 제품들은 영상을 시청하는 사람들에게 소비 욕구를 불러일으켜요. 이렇게 광고는 내가 평소에 관심이 없던 물건도 사고 싶게 만들어요.

　습관처럼 시청하는 짧은 동영상 하나가 내 시간과 돈을 소비하는 데 큰 영향을 줄 수 있다는 사실을 꼭 기억해요.

15 게임 속의 나 vs 현실의 나

 삼촌이 오랜만에 초등이의 집에 찾아왔어요. 삼촌은 초등이네 집에 올 때마다 매번 선물을 들고 오셨어요. 그런데 오늘은 바빠서 선물을 챙겨오지 못했다며 대신 용돈을 주셨어요.

 초등이는 받은 용돈으로 무엇을 할지 행복한 고민에 빠졌어요. 지금 당장 하고 싶은 것을 떠올려 보니 두 가지가 생각났어요. 첫 번째는 게임 속 캐릭터 아이템을 사는 거예요. 최근 게임 레벨이 올라가면서 유료 아이템을 구매하지 않으면 게임에서 이기기 어려워졌거든요. 그래서 초등이는 이번 기회에 게임 아이템을 사서 캐릭터를 더 강력하게 만들어야겠다고 생각했어요.

두 번째는 얼마 전부터 초등이가 계속 먹고 싶어 했던 피자를 주문하는 거예요. 지난주부터 초등이는 피자가 너무 먹고 싶어서 '피자! 피자!' 노래를 불렀는데, 오늘 삼촌이 주신 용돈이면 토핑을 듬뿍 추가한 맛있는 피자를 주문할 수 있어요.

두 개의 선택지를 놓고 초등이는 고민이 되었어요. 게임 캐릭터에 돈을 쓰게 되면 또 하염없이 피자 먹는 날을 기다려야만 하고, 피자를 사 먹으면 게임에서 매번 지는 것 때문에 스트레스를 받을 자신의 모습이 그려졌거든요.

게임 속의 내 캐릭터를 위해서 용돈을 쓸 것인지, 현실의 나에게 피자를 선물할 것인지 초등이는 쉽게 선택하지 못했어요.

과연 초등이는 어떤 결정을 내리게 될까요?

선택의 연속, 기회비용

우리는 일상생활에서 여러 가지 경제 활동을 하고 있어요. 문방구에서 학용품을 구입하는 것, 학원비를 내고 학원에 다니는 것, 그리고 미용실에 가서 머리를 자르는 것 등을 모두 경제 활동이라고 할 수 있어요.

우리는 경제 활동을 하면서 수많은 선택의 순간과 마주쳐요. 왜냐하면 내가 갖고 싶은 것과 하고 싶은 일들은 많은데 시간과 돈이 부족한 경우가 생기기 때문이에요. 인간의 욕구는 끝이 없는데 이 욕구를 모두 만족시켜 줄 자원은 부족한 것이죠. 그래서 사람들은 소득과 재산, 취향 등의 조건을 고려해서 최선의 선택을 하려고 노력해요. 선택의 연속인 생활 속에서 더 나은 결정을 내리는 것이 나의 행복과 연결되어 있기 때문이에요.

학교에서 1시간의 자유 시간이 생겼을 때, 엎드려 잠을 잘지 친구들과 보드게임을 할지 선택을 고민하는 것도 희소성 때문이에요. 마음은 둘 다 하고 싶지만, 주어진 시간 안에 모두 할 수 없기에 하나를 선택해야 하는 것이죠.

한편 선택에는 항상 무엇인가를 포기해야 한다는 대가가 뒤따라요. 여러 대안 중 하나를 선택했을 때 그 선택으로 인해 포기해야 하는 것 중 가장 가치가 높은 것을 '기회비용'이라고 해요. 예를 들어 부모님께 받은 용돈으로 중국 음식을 주문하려고 하는데, 짜장면을 먹을지 짬뽕을 먹을지 고민이 되는 상황이라고 생각해 봐요. 짜장면을 먹으면 짬뽕을 포기해야 하고, 짬뽕을 먹으면 짜장면을 포기해야 하는 상황! 이때 만약 짜장면을 선택했다면 기회비용은 짬뽕이 되는 거예요.

합리적이고 현명한 결정을 내리기 위해서는 선택에 따른 기회비용을 잘 생각해 봐야 해요. 내가 선택한 것이 주는 만족감이 기회비용의 가치보다 클 때 더 탁월한 선택을 내렸다고 볼 수 있어요.

자유 시간! 나의 선택은?

휴식을 선택 ⋯▶ 노는 것을 포기!   노는 것을 선택 ⋯▶ 휴식을 포기!

생활 속 경제 이야기

완벽한 선택은 없어!

"좋았어! 이번 선택은 완벽했어!"

우리는 종종 내가 내린 선택을 완벽했다고 이야기하곤 해요. 그런데 과연 '완벽한 선택'이라는 것은 존재할까요? 완벽하다는 것은 부족함이 없다는 것인데, 선택지 중에 제일 마음에 드는 것을 골랐어도 선택하지 않은 나머지 것들에 대해 아쉬움이 남을 수 있어요.

주말에 캠핑장으로 가족여행을 떠나기로 했는데 마침 친구들이 그날 놀이공원에 함께 놀러 가자고 제안한다면 어떤 선택을 내려야 할까요? 가족여행을 선택하는 순간 친구들과 놀이공원에 가는 것을 포기해야 해요. 캠핑장에 가면 가족들과 즐거운 시간을 보낼 수 있지만, 친구들과 놀지 못해서 속상한 마음이 들 수 있어요. 그렇다고 친구들과 놀이공원에 가기로 한다면 가족과 함께 시간을 보내지 못한 것에 대한 아쉬운 마음이 들겠죠.

완벽한 선택을 하지 못했다고 속상해하기보다는 좀 더 후회하지 않을 선택을 했다고 생각해 보면 어떨까요?

이미 엎질러진 물, 매몰 비용

선택을 내리는 순간 이미 지출되어 회수할 수 없는 비용을 '매몰 비용'이라고 해요. 선택을 취소하고 싶은 마음이 들더라도 이미 사용되었기 때문에 회복 불가능한 비용을 말하죠.

혹시 오락실에서 카드 뽑기에 돈을 넣었는데 원하는 카드가 한 장도 나오지 않아서 속상했던 경험이 있나요? 카드 뽑기 기계에 돈을 넣은 순간 내가 사용한 돈은 매몰 비용이 돼요. 운 좋게 카드를 뽑는다면 다행이지만 그렇지 못하더라도 사용한 돈을 회수할 수는 없어요. 또 승차권을 구입했지만 출발 시각보다 1분 늦어 아쉽게 기차를 놓친 경우도 마찬가지예요. 기차표를 구매한 돈은 매몰 비용이 되었기 때문에 승차 여부와 관계없이 되돌릴 수 없어요.

매몰 비용의 사례는 스포츠 세계에서도 찾아볼 수 있어요. 어느 프로 야구팀이 비싼 돈을 들여 능력이 뛰어난 선수를 영입했는데 시즌 개막을 앞두고 그 선수가 심각한 부상을 입었다면, 구단이 선수 영입을 위해 사용한 돈은 매몰 비용이 되는 것이랍니다.

16 백화점과 온라인 스토어의 가격은 왜 다를까?

오늘은 초등이가 이모와 함께 데이트를 하는 날이에요.

"이모, 우리 오늘은 어디 가?"

이모를 만나자마자 초등이가 방긋 웃으며 물었어요.

"초등아, 오늘은 이모가 생일 선물로 신발 사 주려고~!"

"진짜? 역시 이모 최고!"

초등이는 이모 손을 꼭 잡고 신발 가게에 들어갔어요. 매장 진열대에는 알록달록 다양한 색과 디자인의 신발들이 놓여 있었어요. 한참을 고민한 끝에 초등이는 가장 마음에 드는 신발을 골랐어요.

이모가 사준 예쁜 신발을 엄마에게 자랑할 생각에 신이 난 초등이. 그런데 계산하러 간 이모가 미안한 표정을 지으며 빈손으로 돌아왔어요.

"초등이가 사려던 신발 사이즈가 다 팔려서 지금 매장에 없대. 그런데 이모가 보니깐 인터넷으로도 주문할 수 있어. 오늘 주문하면 2, 3일 뒤에는 신을 수 있을 거야!"

첫마디만 듣고 순간 실망할 뻔했는데, 역시 사람 말은 끝까지 들어 봐야 하나 봐요. 초등이는 이모에게 손가락 하트를 마구 발사했어요.

초등이와 이모는 잠시 쉴 겸 아이스크림 가게에 앉아 스마트폰으로 신발을 검색해 보기로 했어요. 이모가 매장에서 찍어 온 상품 코드를 입력했더니 정말 아까 골랐던 신발이 똑같이 나왔어요. 순간 초등이의 눈이 휘둥그레졌어요. 아까 매장에서 보았던 신발의 가격보다 훨씬 더 저렴한 가격으로 판매하고 있었기 때문이에요.

"이모, 이거 똑같은 신발 맞아? 가격이 잘못 나와 있는 것 아니야?"

"하하, 초등아, 똑같은 신발 맞아! 인터넷으로 더 저렴한 가격에 살 수 있는 경우가 많이 있거든. 또 같은 상품이지만 마트, 백화점, 인터넷마다 가격이 모두 다를 때도 있어."

집으로 돌아가는 길, 초등이는 새 신발을 바로 신어볼 수는 없었지만 돈을 아꼈다는 사실에 오히려 뿌듯한 마음이 들었어요. 앞으로 물건을 살 때는 여러 곳에서 비교해 봐야겠다는 소중한 깨달음을 얻은 시간이었어요.

어느 곳에서 물건을 살까?

예전에는 물건을 사기 위해서 직접 상점에 가서 물건을 살펴보고, 가격을 흥정해서 최종 구매 결정을 내렸어요. 하지만 온라인 쇼핑의 발달로 소비 방식이 과거와 크게 달라졌어요. 이제는 집에서 클릭 한 번으로 물건을 구입할 수 있고, 잠을 자는 동안 물건이 배송되어 하루 만에 바로 물건을 받아볼 수 있게 되었어요. 소비 방식이 다양해지면서 물건을 편리하게 구매할 수 있지만, 오히려 소비자들의 선택은 어려워졌어요. 물건 하나를 사더라도 알아봐야 할 것들과 비교해야 할 것들이 많아졌기 때문이죠.

현명한 소비, 후회하지 않는 소비를 하기 위해서는 소비하는 곳의 특징을 잘 알고 있어야 해요.

백화점이나 마트의 경우 물건을 눈으로 직접 보고 확인할 수 있다는 장점이 있어요. 하지만 할인 기간이 아니면 정해진 가격에 구입해야 하는 단점도 있지요. 반면 온라인 마켓에서는 물건을 직접 보고 확인할 수 없으므로 사이즈가 맞지 않거나 인터넷으로 본 제품과 실물이 다를 수 있다는 문제점이 있어요. 하지만 유통 단계가 줄어들어 더 저렴한 가격에 물건을 구입할 수 있고, 시간을 아낄 수 있다는 장점도 있어요.

어느 곳에서 소비하는 것이 더 좋은지 정답이 있는 것은 아니에요. 가격, 품질, 시간 등 무엇이 더 중요한지 생각해 보고, 자신만의 명확한 소비 기준을 세운다면 더 현명한 소비를 할 수 있겠죠?

생활 속 경제 이야기

백화점이 정기적으로 할인 행사를 하는 이유

백화점은 정기적으로 물건을 싸게 판매하는 할인 행사를 진행해요. '애초에 싸게 팔면 되는 것 아닌가?'라는 생각이 들 수 있지만 백화점이 할인 행사를 하는 데에는 여러 가지 이유와 전략이 숨어 있어요.

할인 행사를 하는 이유 중 하나는 소비자의 마음을 흔들기 위해서예요. 특정 기간 할인 행사를 한다는 문구는 소비자의 입장에서 꼭 사야겠다는 마음을 갖게 해요. 굳이 사지 않아도 되는 물건인데 할인 기간에 꼭 사야만 하는 물건으로 변하는 것이죠.

백화점에서 파는 물건들은 종류가 매우 다양하고 수량이 많아요. 따라서 할인 행사를 통해 잘 팔리지 않는 물건들을 정리하기도 한답니다.

온라인 상품은 왜 가격이 더 저렴할까?

물건의 가격을 비교하다 보면 오프라인 마켓보다 온라인 마켓에서 더 저렴한 가격에 물건을 판매하는 것을 쉽게 찾아볼 수 있어요. 온라인 마켓에서는 어떻게 물건을 더 저렴하게 판매할 수 있는 걸까요?

상품의 가격은 광고비, 보관비, 운송비 등 여러 가지 요인들과 함께 결정돼요. 하지만 온라인에서 판매할 때는 매장이 따로 필요하지 않기 때문에 매장 유지와 관련된 비용을 아낄 수 있어요. 매장을 빌리는 데 필요한 임대료, 직원을 고용하기 위한 인건비 등을 줄일 수 있어서 소비자에게 더 저렴한 가격에 물건을 판매할 수 있는 것이랍니다.

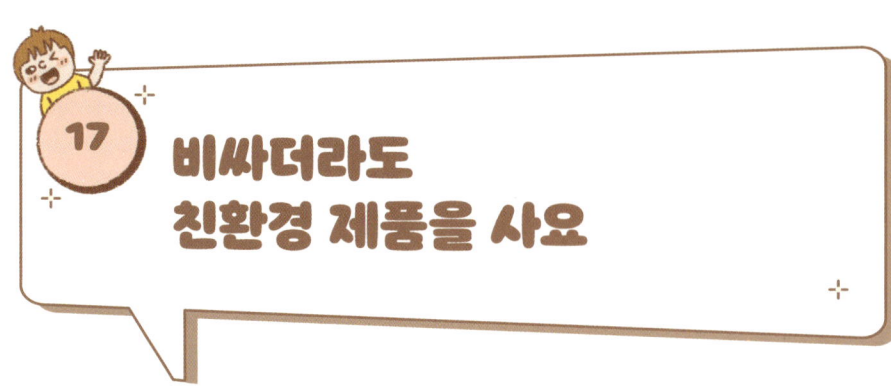

17 비싸더라도 친환경 제품을 사요

평소 초등이는 패션에 별로 관심이 없어요. 그런데 얼마 전부터 같은 반에 좋아하는 친구가 생기면서 외모에 부쩍 관심이 많아졌어요.

등교 준비를 마치고 거울에 비친 모습을 확인하던 초등이의 눈에 낡은 가방이 들어왔어요. 가죽은 갈라지고, 색도 변해 있었어요.

다음 날 초등이는 엄마와 함께 집 근처에 있는 쇼핑몰에 갔어요. 매장 안에는 이번에 새로 들어온 신상 가방부터 독특한 디자인의 가방까지 다양한 종류의 가방이 있었고, 또 마침 특별 할인 기간이었어요.

"이렇게 예쁜 가방을 50%나 할인한다고? 엄마, 저 이걸로 살게요!"

가방을 메고 거울 앞에 선 초등이는 만족스럽다는 듯 활짝 웃었어요. 그런데 그 순간 거울 속으로 익숙한 얼굴이 보였어요. 바로 같은 반 친구 패셔니스타 슬기였어요.

둘은 인사를 나누고 각자 가방 구경을 하다가 계산대에서 다시 만났어요. 그런데 슬기가 고른 가방의 가격표를 본 초등이는 깜짝 놀랐어요. 크기가 작고 디자인도 단순해 보이는데, 가격은 초등이의 가방보다 훨씬 비쌌거든요.

"슬기야, 저쪽에 있는 가방들도 봤어? 네가 선택한 것보다 예쁘고 가격이 더 싼 것도 많이 있던데? 얼른 다른 가방으로 골라 봐."

걱정스러운 표정의 초등이와 달리 슬기는 웃으면서 대답했어요.

"난 이 가방이 맘에 들어. 이 가방은 친환경 소재 가방이거든."

"친환경 소재? 그, 그렇구나…."

슬기의 단호한 대답에 초등이는 멋쩍은 웃음을 지으며 생각했어요.

'슬기는 왜 굳이 비싼 돈을 내면서까지 친환경 소재로 만든 가방을 사는 걸까?'

경제봇, 알려 주세요!

소신 있는 소비 트렌드, 가치 소비

최근 들어 가격이 비싸거나 디자인이 예쁘지 않더라도 자신의 신념에 따라 물건을 구매하는 소비자들이 늘고 있어요. 이렇게 가격보다는 본인에게 가치 있고 만족감을 줄 수 있는지가 기준이 되는 소비를 '가치 소비'라고 해요. 특히 젊은 사람들이 가치 소비를 중요시하면서 최근에는 가치 소비가 새로운 소비 트렌드로 자리 잡고 있어요. 가치 소비에는 친환경이나 유기농 제품을 소비하는 '그린슈머', 자신의 신념을 소비로 나타내는 '미닝 아웃', 착한 기업의 제품을 소비하는 '착한 소비' 등이 있어요.

그린슈머란 녹색과 자연을 의미하는 '그린(green)'과 소비자라는 뜻을 가진 '컨슈머(consumer)'를 합친 말로, 친환경적인 제품을 구매하는 소비자를 말해요. 그린슈머는 제품을 구매할 때 탄소 배출이 적은 제품인지, 천연 재료로 만든 제품인지 등을 따져 보고 선택해요.

너를 위해 친환경 제품을 소비할게!

미닝 아웃은 신념을 뜻하는 '미닝(meaning)'과 드러낸다는 의미의 '커밍 아웃(coming out)'을 합친 말이에요. 예전에는 자신의 정치적, 사회적 신념을 적극적으로 표현하기 어려운 사회 분위기였어요. 하지만 최근에는 많은 소비자들이 소비 활동을 통해 자신의 신념과 가치관, 취향을 적극적으로 표현하고 있어요. 미닝 아웃을 하는 소비자들은 자신의 신념과 맞지 않은 제품이라면 구매를 과감히 포기해요.

착한 소비는 환경, 이웃, 세계 등 환경과 사회에 미치는 영향을 고려하여 물건이나 서비스를 소비하는 것을 말해요. 착한 소비를 하는 사람들은 인간과 동물에게 해를 끼치는 제품이라면 가성비가 좋더라도 구매하지 않아요. 대신 가격이 조금 비싸더라도 생산, 유통, 판매 과정이 윤리적이고 공정하게 진행된 제품을 구매해요.

생활 속 경제 이야기

'돈쭐' 내줍시다!
외치는 사람들

요즘 TV나 뉴스 기사를 보면 '돈쭐낸다'라는 표현을 많이 접할 수 있어요. '돈쭐내다'라는 말은 '돈으로 혼쭐을 내준다'라는 의미로 주로 착한 일을 하거나 사회적으로 올바른 일을 한 기업 혹은 가게가 돈을 많이 벌 수 있게 해 준다는 뜻으로 사용돼요. '혼내 주다'라는 표현은 보통 부정적인 의미로 사용하지만, '돈쭐내다'는 반어법으로 '주문을 많이 해서 바쁘게 해 주겠다'라는 좋은 의미로 쓰이는 것이죠.

그렇다면 사람들은 왜 돈으로 혼쭐을 내주려고 하는 것일까요? '돈쭐낸다'라는 표현은 소비자들의 가치관과 관련이 있어요. 소비자는 윤리적으로 활동하는 기업이나 선행을 베푸는 가게에 더 쉽게 마음의 문을 열고 적극적으로 소비하고자 해요.

그것이 더 알고 싶다!
취향에 따라 소비하는 앰비슈머

명품을 사기 위해서 교통비, 식비 등 생활 비용을 극단적으로 아끼는 사람이 있어요. 유명한 식당의 코스 요리를 먹는 데에는 돈을 아끼지 않지만, 커피나 주스 등의 디저트 음료는 카페보다 저렴한 편의점에서 사서 마시는 사람도 있지요. 이렇듯 자신이 좋아하고 추구하는 것에는 소비를 아끼지 않지만, 그렇지 않은 것에는 소비를 아끼는 사람들을 '앰비슈머'라고 불러요.

앰비슈머란 '양면성(ambivalent)'과 '소비자(consumer)'의 합성어로, 이중 잣대를 가진 소비자를 말해요. 앰비슈머의 소비 형태를 살펴보면 자신의 취향과 신념에 따라 돈을 쓰는 모습을 확인할 수 있어요. 특히 젊은 세대를 중심으로 '양보다는 질', '한 번뿐인 인생, 내가 원하는 대로 살자' 등의 생각을 하는 앰비슈머가 늘고 있다고 해요.

18 광고의 신기한 소비 유혹

"어, 이거 요즘 유행하는 쑥쑥이 신발 아니야?"

눈썰미가 좋은 초등이는 도준이의 새 신발을 한눈에 알아봤어요. 쑥쑥이 신발은 최근 유명 아이돌 그룹이 광고하면서부터 초등학생들 사이에서 인기가 많아졌어요.

"맞아! 아마 우리 반 친구들 대부분 쑥쑥이 신발 있을걸! 아이돌 그룹 멤버들이 신는 신발이래."

초등이는 어깨를 으쓱이는 도준이의 모습이 왠지 얄밉게 느껴졌어요. 오늘따라 자신이 신고 있는 신발은 또 왜 이렇게 더럽고 낡아 보이는지 속상한 마음이 들었어요. 꿀꿀한 하루를 보낸 초등이는 엄마가 퇴근하는 시간을 손꼽아 기다렸어요. 초등이는 엄마가 자신의 낡은 신발을 보았으면 하는 마음에 일부러 신발장 한가운데에 신발을 올려놓았어요.

그런데 엄마는 아무런 말씀도 없이 평소처럼 조용히 저녁 식사를 준비하셨어요. 결국 밥을 먹던 중 초등이가 먼저 말을 꺼냈어요.

"엄마, 저도 쑥쑥이 신발 사고 싶어요. 요즘 쑥쑥이 신발 없는 친구들이 없어요. 유명 아이돌이 신고 있는데, 엄청 좋은 신발인가 봐요!"

"에휴, 신발이 다 거기서 거기지 뭐. 쓸데없는 소리 하지 말고! 그리고 연예인이 신는다고 좋은 신발인지 어떻게 아니?"

엄마의 날카로운 대답에 초등이는 속이 잔뜩 상했어요. 밥을 먹는 둥 마는 둥 하고는 그대로 방으로 들어가 버렸어요. 숙제를 하다가 잠시 화장실에 가려고 방문을 열고 나왔는데, TV 홈쇼핑 채널을 보고 계신 엄마의 모습이 보였어요. 그리고 화면에는 프라이팬을 들고 있는 판매자가 반복해서 외치고 있었어요.

"오늘이 마지막 세일!"

경제봇, 알려 주세요!

하루 24시간, 우리 곁을 떠나지 않는 광고

눈을 뜨는 순간부터 잠자리에 들 때까지 우리 곁을 떠나지 않는 친구가 있어요. 그 친구의 이름은 '광고'예요. 광고는 상품 판매, 서비스 이용 등을 목표로 여러 가지 매체를 통해 소비자에게 필요한 정보를 널리 알리는 활동이에요. 매일 들고 다니는 스마트폰, 집에서 시청하는 TV, 그리고 밖에서 길을 걸을 때 마주치는 가게들까지 우리는 수많은 광고에 둘러싸여 살고 있지요.

광고는 소비자들에게 많은 정보를 전달해 줌으로써 도움을 주기도 하지만, 우리의 일상 속에서 무언가를 구매하라고 끊임없이 강요하기도 해요.

사람들의 소비 습관과 취향은 오랜 시간 동안 광고에 노출된 결과물이라고 볼 수 있어요. 사람들은 어떤 상품을 구매할 때 마치 스스로가 합리적인 소비를 했다고 느끼지만, 사실은 수많은 광고로부터 형성된 소비 습관에서 나온 행동인 것이죠.

다른 친구들은 모두 학원에 다니는데 나만 학원에 다니지 않아서 불안한 마음이 든 적 있나요? 연예인이 홍보한 제품이라는 이유만으로 잘 알아보지도 않고 물건을 구매한 경험은 없나요?

광고는 당장 필요하지 않은 물건도 마치 꼭 필요한 것처럼 보이게 해요. 또 광고는 불안감, 우울감 같은 감정의 약한 부분을 건드리면서 소비하라고 부추겨요. 따라서 상품을 구매할 때는 반드시 내게 꼭 필요한 것인지 생각해 봐야 해요. 스스로 올바른 판단을 내릴 수 있을 때 현명한 소비를 할 수 있답니다.

생활 속 경제 이야기

필요 이상의 소비, 과소비

　필요 이상의 지나친 소비를 '과소비'라고 해요. 그리고 '자존감'은 우리가 자기 자신을 얼마나 가치 있게 생각하는지를 말해요. 전혀 관련 없는 것 같은 이 두 단어. 어떤 연관이 있을까요?

　모든 사람이 다 그런 것은 아니지만 자존감이 높은 사람은 보통 자기 자신을 가치 있게 생각하기 때문에 다른 사람들의 시선을 크게 신경 쓰지 않아요. 반면 자존감이 낮은 사람은 종종 자신을 덜 소중하게 여기거나 다른 사람과 비교하면서 스스로를 부정적으로 생각하는 경우가 있어요. 그래서 비싼 옷이나 명품을 구매하는 방법으로 자신의 가치를 높이려고 하는 것이죠.

　스트레스를 해소하거나 슬픈 감정을 억누르기 위해 과도한 소비를 하는 사람들도 있어요. 이런 성향의 사람들은 소비를 통해 자신의 부족한 부분을 채우려고 해요. 하지만 과소비로 인한 만족감과 보상받는 느낌은 그 순간뿐이에요. 오히려 욕망을 줄이고 건전한 소비를 할 때 진정한 행복을 느낄 수 있어요.

나도 따라 살래요, 연예인 광고 효과

TV나 영화 속 연예인이 입고 나온 옷이나 가방, 귀걸이 등이 온라인상에서 순식간에 품절되는 이유는 무엇일까요? 그 이유는 바로 '나도 저 사람처럼 예쁘게 보이고 싶다', '나도 연예인처럼 되고 싶다'라는 마음 때문이에요. 광고 회사들이 상품을 홍보하기 위해 인기 있는 스포츠 선수나 가수를 광고 모델로 세우는 이유이기도 하죠.

사람들은 광고를 보면서 광고 모델과 자기 자신을 동일시하려고 해요. 연예인이 입은 예쁜 옷을 보면 '내가 입었을 때도 저렇게 예쁘겠지?' 하고 생각하며 장바구니에 옷을 담아요. 또 음식을 맛있게 먹는 광고를 보면 '나도 저런 조합으로 맛있게 먹어야지!'라는 마음이 생겨 주문하게 되는 것이죠.

연예인을 내세운 광고는 소비자를 착각하게 만들어 더 많은 소비를 이끌고 있답니다.

초등이와 함께하는
경제 이야기

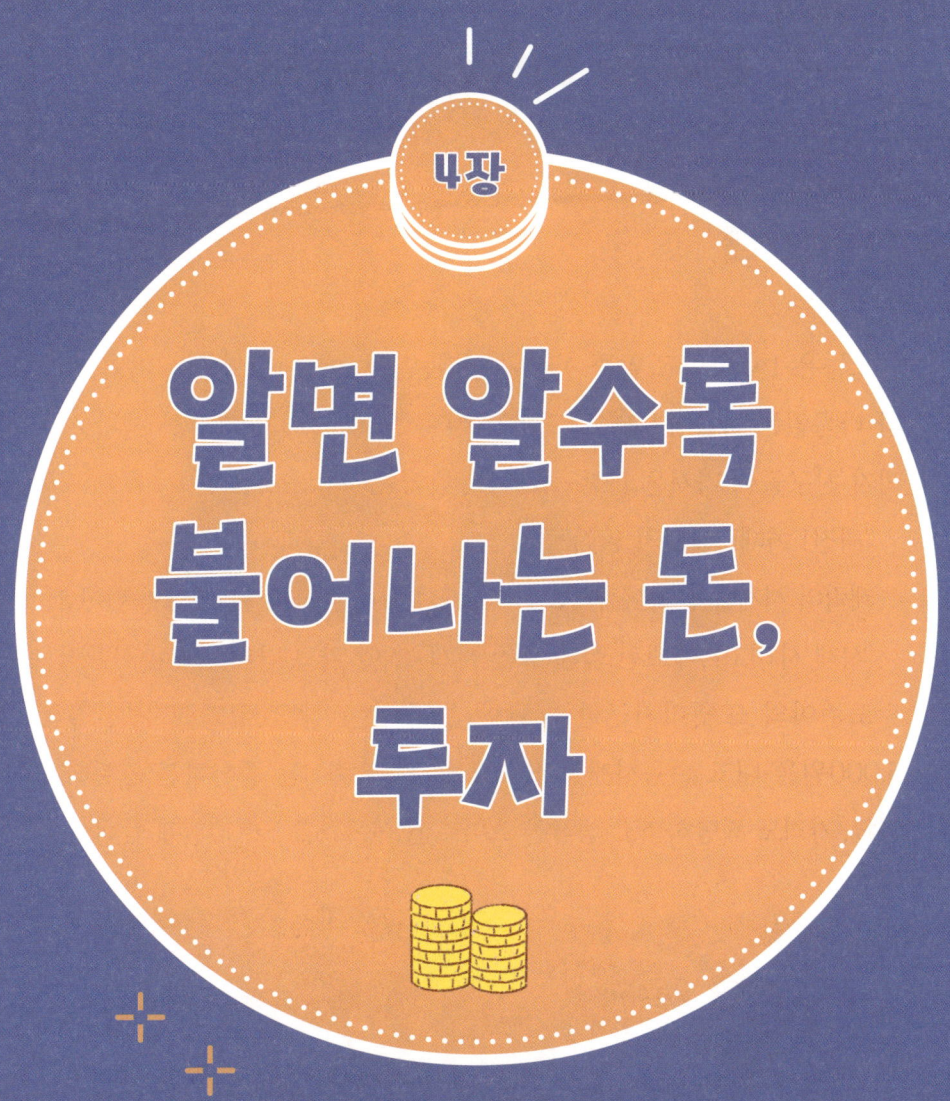

4장

알면 알수록 불어나는 돈, 투자

19 미래의 이익을 기대해요

　오늘은 1학기 학교 알뜰 시장이 열리는 날이에요. 강당에는 거의 새것과 다름없는 학용품부터 보드게임, 야구 모자, 그리고 다양한 생활용품까지 친구들이 가져온 물품들로 가득했어요.
　"짜잔! 어때? 예쁘지 않아?"
　캐릭터 시계를 손목에 찬 초등이가 도준이를 향해 팔을 들어 올렸어요.
　"시계 사려고? 예쁘긴 한데 요즘 시계 잘 안 차고 다니지 않나?"
　도준이의 뜨뜻미지근한 대답에 초등이는 살짝 고민했지만, 결국 5,000원을 내고 손목시계를 샀어요. 한편 도준이는 좋아하는 캐릭터가 있고, 가격도 적당하다고 생각한 스마트폰 케이스를 5,000원에 샀어요.

시간이 흘러 어느덧 2학기 알뜰 시장이 열리는 날이 되었어요.

'그때 사 놓고, 한 번도 제대로 안 찼네…!'

초등이는 이번 알뜰 시장에서 1학기 때 산 손목시계를 팔기로 했어요. 그리고 시계를 얼마에 팔지 고민하다가 자신이 구매한 가격보다 1,000원 낮은 4,000원을 가격표에 적었어요. 하지만 낮은 가격에도 불구하고 아무도 초등이의 시계를 거들떠보지 않았어요. 속상해하던 초등이의 눈에 마침 친구들에게 둘러싸여 있는 도준이의 모습이 보였어요.

궁금한 마음에 가까이 다가가 보니 도준이는 스마트폰 케이스를 팔고 있었어요. 그중에는 1학기 때 샀던 스마트폰 케이스도 보였어요. 그런데 판매 가격을 보고 초등이의 입이 떡 벌어졌어요. 도준이가 샀던 가격보다 두 배의 가격에 케이스를 판매하고 있었거든요. 알고 보니 케이스에 그려진 캐릭터가 요즘 최고 인기를 끌면서 스마트폰 케이스의 가격도 저절로 올라갔던 것이죠.

'도준이는 좋겠다! 내 손목시계는 가격을 내려도 안 팔리는데, 도준이가 산 스마트폰 케이스는 오히려 인기도 많아지고, 가격도 더 올랐네!'

4장 | 알면 알수록 불어나는 돈, 투자

미래에 더 큰 이익을 위해 투자하고 싶어요!

주식? 부동산? 돈을 버는 것? 어른들의 대화 또는 TV나 신문에서 '투자'와 관련된 말을 들어본 적이 있을 거예요. 투자는 이익을 얻기 위해서 어떤 일에 돈을 들이거나 시간과 정성을 쏟는 것을 말해요. 일상생활에서는 보통 가치가 달라지는 '자산'을 구매한 후 가치를 높여서 판매하는 것을 '투자'라고 불러요.

자산은 사람들이 가지고 있는 모든 가치 있는 것들을 말해요. 살고 있는 집, 자동차처럼 눈에 보이는 자산뿐만 아니라 영상 편집 능력, 그림 실력과 같이 눈에 보이지 않는 지식과 기술도 자산에 포함돼요.

즉 투자 활동이란 내가 가지고 있는 자산을 구입했을 때보다 비싼 가격에 팔아서 이익을 얻거나 나의 능력을 키워서 미래에 더 많은 돈을 버는 것이라고 할 수 있어요.

투자는 정원에 씨를 뿌리는 모습으로 비유할 수 있어요. 예쁜 꽃으로 가득한 정원을 만들기 위해서는 씨앗을 심은 후, 꽃이 피고 열매를 맺을 때까지 기다려야 해요. 투자 또한 마찬가지예요. 어떤 상품을 구매하거나 자산에 돈을 넣어 두었다면 그 가치가 올라갈 때까지 긴 시간 동안 기다릴 수 있어야 해요. 시간이 지날수록 내가 뿌려 놓은 자산의 씨앗이 더 크고 가치 있는 것으로 변할 수 있기 때문이에요.

하지만 모든 자산이 시간이 지난다고 가치가 높아지는 것은 아니에요. 어떤 씨앗은 시간이 지나도 자라지 못하고 썩는 것처럼 투자도 잘될 것이라는 희망과 다르게 실패할 수도 있어요. 최악의 경우 투자한 돈을 모두 잃어버릴 수도 있다는 위험성을 가지고 있지요. 따라서 어떤 자산에 투자할 것인지 신중하게 선택하고, 혹시라도 생길 수 있는 투자 위험에 미리 대비하는 자세가 꼭 필요해요.

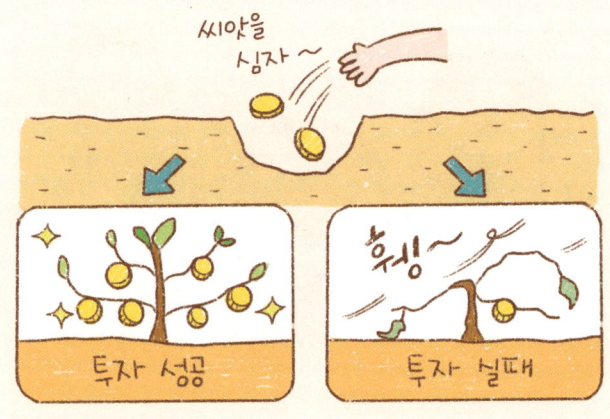

생활 속 경제 이야기

나도 투자를 할 수 있다고?

"투자는 어른들이 하는 것 아닌가요? 저는 아직 학생이고 돈도 없는데…."

보통 사람들이 '투자'라고 부르는 것은 돈으로 자산을 사고팔아서 수익을 얻는 것이에요. 그런데 꼭 돈과 관련된 투자만 있는 것은 아니에요.

지금 당장 여러분들도 할 수 있는 투자가 있어요. 바로 '나 자신을 위한 투자'예요. 돈이 있든 없든, 나이가 많든 적든 나를 위해서 시간과 정성을 쏟을 수 있다면 누구든지 할 수 있는 투자인 셈이죠.

예를 들어 초등학생인 내가 좋은 성적을 얻고, 나중에 원하는 직업을 갖기 위해서 지금 열심히 공부하고 있다면 나는 미래를 위해 현재의 시간을 투자하고 있는 것이에요. 튼튼한 몸을 만들기 위해 운동하는 것, 친구들과 사이좋게 잘 지내는 경험 또한 미래에 더 멋진 사람으로 나아가기 위한 투자라고 할 수 있어요.

미술 작품에
투자하는 이유

최근 들어 미술 작품이 새로운 투자 대상으로 많은 사람들에게 주목받기 시작했어요. 사람들은 왜 비싼 돈을 주고 그림을 사려고 하는 것일까요? 또 미술 작품은 어떻게 매력적인 투자 상품으로 자리 잡을 수 있었을까요?

미술 작품에는 대체로 시간이 흐를수록 가치가 높아질 것이라는 사람들의 기대감이 들어 있어요. 실제로 유명 작가의 작품일수록 이전 가격보다 훨씬 비싼 가격으로 거래되기도 해요.

다른 자산의 경우 구입하거나 보유할 때 세금을 내야 하는 경우가 있지만 미술 작품은 팔 때를 제외하고는 세금을 내지 않는다는 것이 미술 작품 투자의 장점이라고 할 수 있어요. 하지만 다른 투자 대상과 달리 구입하려는 사람이 많지 않아 다시 파는 것이 쉽지 않을 수 있어요. 또 진품이 아닌 작품을 속아서 비싼 가격에 살 수 있다는 위험성도 가지고 있어요. 따라서 미술 작품에 투자하려면 작품과 관련된 정보를 꼼꼼히 살펴보는 것이 중요해요.

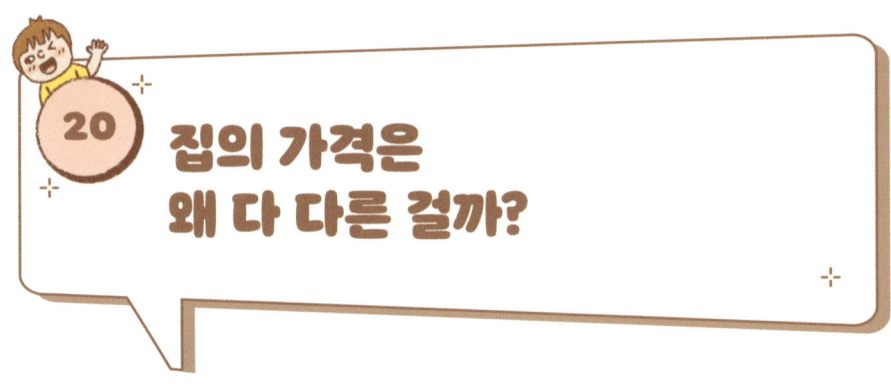

20 집의 가격은 왜 다 다른 걸까?

아침 일찍 학교로 향하는 초등이의 발걸음이 가벼워요. 오늘은 바로 한 달에 한 번 찾아오는 자리 바꾸는 날이거든요.

"이번에는 누구랑 짝꿍이 될까?"

1교시가 시작되자 초등이네 반 친구들은 모두 긴장과 기대가 가득한 눈으로 선생님의 손끝을 봤어요. 그런데 오늘은 선생님의 손에 뽑기 통이 보이지 않았어요. 대신 우리가 숙제를 잘하거나 발표를 할 때마다 보상으로 주시던 칭찬 스티커가 한쪽 손에 올려져 있었어요.

"이번 달에는 칭찬 스티커로 교실 자리를 바꾸려고 해요."

선생님의 깜짝 발표에 초등이와 친구들의 눈이 휘둥그레졌어요.

"만약 앉고 싶은 자리가 친구랑 똑같으면 어떡해요?"

"선생님, 앉고 싶은 자리가 없으면요?"

여기저기서 질문이 터져 나왔어요. 선생님은 이런 반응을 예상했다는 듯 여유로운 미소를 지으며 대답하셨어요.

"만약 여러 명이 같은 자리를 원한다면 칭찬 스티커를 더 많이 낸 사람이 그 자리를 살 수 있어요. 그리고 원하는 자리가 없다면 이전처럼 랜덤으로 자리를 정할게요."

"선생님 바로 앞자리는 아무도 안 살 것 같은데요?"

도준이의 장난스러운 말에 반 친구들이 모두 와하하 크게 웃었어요.

'이럴 줄 알았으면 칭찬 스티커를 많이 모아 놓을걸, 나는 맨 뒷자리가 좋은데…'

초등이는 그동안 숙제를 하지 않고 놀았던 시간이 후회됐어요.

"자, 지금부터 자리 구매를 희망하는 학생은 손을 들어 주세요!"

부동산이 뭐예요?

길을 가다가 '부동산'이라고 쓰여 있는 간판을 본 적 있나요? 그곳에서는 보통 아파트, 빌라와 같은 집과 관련된 거래가 이루어져요.

부동산은 땅과 그 위에 지어진 건축물과 같이 움직여서 옮길 수 없는 고정된 재산을 말해요. 우리가 살고 있는 집뿐만 아니라 농사를 짓고 있는 땅도, 물건을 만들어 내는 공장도 모두 부동산이라고 할 수 있어요.

부동산은 사람들이 살아가는 공간이면서 동시에 사고팔 수 있는 거래 대상이에요. 또 전세와 월세라는 방식을 통해 소유한 부동산을 다른 사람에게 빌려줄 수도 있어요. 예를 들면 집을 사서 다른 사람에게 빌려주고 그 대가로 큰돈을 보증금으로 맡아두거나, 적은 돈을 보증금으로 맡고 추가로 매달 일정한 금액을 받을 수 있어요. 또 부동산의 가격이 오른 경우에는 집을 다른 사람에게 팔아서 수익을 얻을 수도 있지요.

우리나라에서 부동산은 다른 자산에 비해 상대적으로 안전한 자산이라는 인식이 있어요. 그 이유는 첫째, 사람들은 살아갈 집이 꼭 필요하기 때문이에요. 또 지금보다 더 넓고 좋은 집에 살고 싶어 하는 사람들이 있기 때문에 부동산이 필요한 사람들은 늘 존재하지요. 둘째, 부동산은 건물이 세워진 '땅'이 기본이 되기 때문이에요. 땅은 다른 물건처럼 사용한다고 없어지거나 가치가 사라지지 않아요. 시간이 지나더라도 땅의 가치는 유지되거나 오히려 상승하는 경우가 많기 때문에 사람들은 부동산에 투자하는 것이에요.

부동산도 다른 자산처럼 수요와 공급에 의해 가격이 정해져요. 하지만 놀이공원의 롤러코스터가 언제 방향을 바꿔 오르락내리락할지 예측하기 힘든 것처럼 부동산의 가격도 언제 오르고 떨어질지 정확한 시기를 예측하기 어려워요. 따라서 부동산 역시 많은 공부를 하고 투자해야 한답니다.

생활 속 경제 이야기

우리 집이 어디에 있으면 좋을까?

만약 내가 살 집을 짓는다면 어떤 장소를 선택하고 싶나요? 갑자기 배고플 때 바로 간식을 살 수 있는 편의점이 있고, 학교와 거리가 가까워서 아침에 조금 더 늦게 일어날 수 있는 곳 등 각자 원하는 조건을 따져 보고 결정할 거예요. 이처럼 부동산이 위치한 곳의 조건과 환경을 '부동산의 입지'라고 해요.

부동산의 입지는 여러 가지 요소로 결정될 수 있는데 가장 대표적인 것이 일자리, 교통, 교육, 편의 시설이에요.

일자리가 많은 곳이나 회사와 가까운 지역은 입지가 좋다고 할 수 있어요. 또 지하철, 버스 등 교통이 편리한 곳, 학교나 학원이 많아 공부할 수 있는 분위기가 조성된 곳, 백화점과 공원, 병원처럼 주변 시설이 발달되어 있는 곳들을 보통 입지가 좋다고 이야기해요. 반대로 교통이 불편하고 일자리가 부족한 곳은 입지가 좋지 않은 곳이죠.

부동산의 입지는 그 부동산의 가치와 가격을 결정하기 때문에 부동산을 사거나 투자할 때는 입지를 잘 고려해서 선택하는 것이 중요해요.

그것이 더 알고 싶다!

집값만 내면 되는 게 아니야?

부동산 유리창에 붙어 있는 광고 내용을 자세히 살펴본 적 있나요? 거기에는 땅이나 집들의 가격과 정보가 적혀 있는데, 우리가 평소 자주 사 먹는 아이스크림이나 모으는 게임 카드의 가격보다 훨씬 큰 금액이 쓰여 있어요.

부동산을 거래할 때는 이렇게 큰 금액이 오고 가기 때문에 생각해 봐야 할 점들이 있어요. 먼저 내가 가지고 있는 예산을 꼼꼼하게 확인해야 해요. 만약 내가 가진 돈만으로 집을 살 수 있다면 그 부동산의 가격이 적절한지 고민하면 돼요. 하지만 비싼 자산을 구입할 때는 부족한 금액을 은행으로부터 빌리는 경우가 많아요. 이때 돈을 얼마나 빌려야 하는지, 이자는 얼마인지, 또 내가 이자를 갚을 수 있는지 등을 생각해 보는 것이 중요해요.

부동산을 거래할 때는 집값뿐만 아니라 다양한 세금들도 내야 해요. 집을 살 때 내는 '취득세', 소유하고 있을 때 내는 '보유세', 팔 때 내는 '양도세' 등이 있는데, 이러한 세금은 내가 거래하는 집의 가격에 따라 달라진답니다.

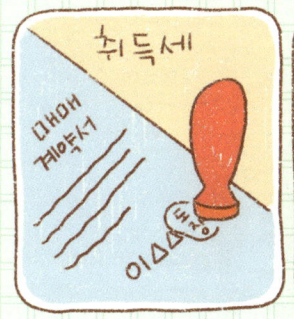

21 어떻게 돈을 벌 수 있을까?

쉬는 시간에 달력을 보던 도준이가 날짜를 가리키며 말했어요.

"다음 주가 벌써 체육대회 날이야. 너희 숙제는 다 했어?"

도준이의 질문에 초등이가 머리를 긁적이며 물었어요.

"숙제…? 무슨 숙제?"

"기억 안 나? 지난 수업 시간 선생님께서 체육대회 날 친구들에게 물건이나 서비스를 팔고 학급 화폐를 가장 많이 모은 사람한테 특별 상품을 주신다고 했잖아."

기억력이 좋은 슬기가 바로 대답했어요.

손재주가 좋은 슬기는 응원 머리띠를 만들어 팔기로 했고, 도준이는 아이스박스에 담긴 시원한 음료수를 팔기로 했어요. 마지막까지 고민하던 초등이는 상품 대신 '오·대·청'이라는 서비스를 팔기로 했어요. 오대청 사업은 바로 '오늘 대신 청소해 드립니다'라는 서비스인데, 체육대회 날 힘들어서 청소하기 귀찮아하는 친구들 대신 청소를 해 주고, 그 대가로 학급 화폐를 받는 것이에요.

대망의 체육대회 날, 친구들은 각자 준비해 온 상품과 서비스를 팔기 시작했어요. 슬기가 만든 머리띠를 쓰고 응원하는 친구들, 달리기 시합 후 갈증이 나서 도준이의 시원한 음료수를 사 먹는 친구들로 운동장이 북적거렸어요.

체육대회를 모두 마친 후 교실로 돌아와서는 초등이의 '오·대·청' 서비스가 반에서 큰 인기를 끌었어요.

과연 세 명의 친구 중에 누가 학급 화폐를 가장 많이 벌었을까요?

경제봇, 알려 주세요!

이런 것이 있으면 참 좋겠다!

일상생활에서 불편한 점이 생겼을 때 '이런 것이 있으면 참 좋겠다!'라고 구체적으로 생각해 본 적이 있나요? 누군가 바쁜 나 대신 심부름을 해 주는 서비스라든가, 짜장면도 먹고 싶고 짬뽕도 먹고 싶을 때 한 그릇에 모두 먹을 수 있는 그릇처럼요.

창업이란 새로운 상품이나 아이디어를 생각해서 사업을 시작하는 것을 말해요. 다양한 맛의 소스를 개발해 분식점을 열거나 기존에 없던 게임을 만들어 출시하는 것 등을 모두 창업이라고 할 수 있어요. 또 눈에 보이는 물건이나 상품이 아니더라도 사람들에게 필요한 서비스를 제공하는 사업과 회사도 있어요. 중고 거래를 할 수 있도록 도움을 주거나 배달을 편리하게 도와주는 것처럼 말이죠. 그런데 꼭 무언가를 새롭게 만든 것만이 창업은 아니에요. 동네에 자주 방문하던 피자 가게가 없어지고 그 자리에 사람들에게 많이 알려진 떡볶이 가게가 생기는 것처럼 이미 세상에 있는 상품을

파는 것도 창업이라고 할 수 있어요.

요즘에는 앱(app) 개발, 웹 서비스 제공과 같이 인터넷과 모바일 기술을 활용한 온라인 창업이 크게 주목받고 있어요. 공간이 따로 필요 없고, 비교적 적은 자본으로도 시작할 수 있어서 많은 사람들이 온라인 창업에 관심을 가지고 있어요.

처음 창업을 하려면 어떤 분야에서든 창의적인 생각과 일을 추진하는 힘이 필요해요. 이와 더불어 창업에 필요한 돈을 마련하는 것도 굉장히 중요해요. 기발한 아이디어가 있더라도 지금 당장 돈이 없으면 실행시킬 수 없을 것이고, 반대로 돈은 많지만 어디에 어떻게 써야 할지 결정하지 못한다면 창업에 실패할 확률이 높아져요. 가장 중요한 것은 끊임없이 노력하고 도전하는 자세, 실패를 두려워하지 않고 새로운 아이디어를 추구하는 마음가짐이라고 할 수 있어요.

지금 이 순간에도 창업가들의 끊임없는 노력과 열정이 계속해서 성장하는 기업들을 만들어 내고 있답니다.

생활 속 경제 이야기

내가 만든 브랜드
vs 지역마다 있는 프랜차이즈

　우리 동네뿐만 아니라 옆 동네에 가더라도 쉽게 찾아볼 수 있는 유명 브랜드의 가게들이 있어요. 반면 오직 우리 동네에서만 이용할 수 있는 가게들도 있지요. 새롭게 가게를 열려고 준비하는 사람은 개인 창업과 프랜차이즈 창업, 크게 두 가지 창업 방식 중 하나를 선택할 수 있어요.

　개인 창업은 본인이 매장을 직접 운영하는 방법으로 내가 원하는 방식으로 가게를 꾸밀 수 있고, 자유롭게 매장을 운영할 수 있다는 것이 큰 장점이에요. 하지만 경험과 노하우가 없다면 재료를 구하는 것부터 메뉴 만들기, 가게 홍보까지 전반적인 운영에 어려움을 겪을 수 있어요.

　프랜차이즈 창업은 'XX치킨', 'OO떡볶이'와 같이 이미 성공한 브랜드나 기업의 도움을 받아 가게나 음식점을 여는 것이에요. 매장을 운영하면서 지속적으로 본사의 도움을 받을 수 있고, 브랜드 인지도 덕분에 쉽게 홍보와 광고를 할 수 있어요. 하지만 그 대가로 본사에 수수료를 내야 하고, 운영 방식에 간섭을 받는 등의 어려움이 있답니다.

사람 없이 가게를 운영한다고?

요즘 '무인 아이스크림 가게', '코인 노래방' 등 무인 창업으로 생겨난 가게들이 점점 많아지고 있어요.

무인 창업은 일하는 사람 없이 운영하는 가게를 말해요. 이전에는 가게에 일하는 직원이 있었다면, 무인 창업에서는 키오스크와 같은 기계가 사람이 하는 일을 대신해요.

직원이 필요하지 않기 때문에 월급과 같은 인건비를 아낄 수 있다는 것이 무인 창업의 가장 큰 장점이에요. 또 24시간 운영할 수 있고, 코로나와 같이 감염병이 일어났을 때 비대면으로 서비스를 이용할 수 있어요. 하지만 물건을 관리하고 감시하는 사람이 없기 때문에 파손과 도난의 위험이 있어요. 가게에 일하는 사람이 없어서 문제가 생겼을 때 소통하는 것이 불편하다는 점도 아쉬운 부분 중 하나라고 할 수 있어요.

22 나도 회사를 소유할 수 있어요

    체육 대회 다음 날, 누가 학급 화폐를 가장 많이 모았는지 결과를 공개하는 시간이에요.

    "두구두구두구두구…"

    초등이와 반 친구들은 침을 꼴깍 삼키며 선생님의 발표에 귀를 기울였어요.

    "우리 반 창업 대회 1등은 바로… 김! 초! 등! 축하합니다!"

    "초등아, 축하축하~! 오대청 서비스! 너무 좋았어~! 계속하면 안 돼?"

    친구들의 축하 인사에 초등이는 기분이 좋으면서도 청소용품이 부족하다는 사실이 마음에 걸렸어요.

선생님께 학급 화폐를 내고 청소용품을 더 받을 수도 있지만, 지금 가지고 있는 학급 화폐로는 턱없이 부족했어요. 그날 오후 초등이는 선생님께 찾아가 고민을 털어놓았어요.

"선생님, 학급 화폐로 청소용품을 더 사고 싶은데, 학급 화폐가 조금 부족해요. 어떻게 하면 좋을까요?"

좋은 생각이 떠오르셨는지 선생님께서 방긋 웃으며 말씀하셨어요.

"초등아, 친구들에게 부족한 학급 화폐를 투자받아서 채워보는 건 어떨까?"

"투자요…?"

"응, 친구들이 네게 투자한 학급 화폐로 새로운 청소용품을 구입하는 거야. 그다음 네가 학급 화폐를 더 많이 벌어서 투자한 친구들에게 번 학급 화폐의 일부를 나누어주는 거지!"

선생님의 제안을 듣고, 초등이는 몇몇 친구들의 지원을 받아 새 청소용품을 구입했어요. 넉분에 전보다 더 빠르게 학급 화폐를 벌 수 있었어요. 그리고 약속한 대로 벌어들인 화폐의 일부를 친구들에게 나누어 주었어요. 이 소식이 친구들에게 퍼지면서 초등이는 더 많은 투자를 받게 되었어요.

회사의 이익과 손실을 나누어 가져요!

    규모가 작은 햄버거 가게가 있었어요. 주문량이 그닥 많지 않아서 주인은 재료비, 관리비 등 가게를 운영하는 비용을 모두 자기 돈으로 낼 수 있었어요.
    그러던 어느 날 TV에 이 가게가 햄버거 맛집으로 소개된 이후 손님이 많아졌고, 주인은 햄버거 공장과 가게를 새로 만들기로 했어요. 그런데 문제는 공장을 짓고, 운영할 가게를 새로 만들 만큼의 돈이 없었던 것이죠. 이 소식을 듣고, 단골 손님들이 찾아와 햄버거 가게에 투자하겠다고 했어요. 주인은 감사한 마음으로 투자한 단골 손님들에게 햄버거 가게의 소유권을 표시한 종이를 나눠 줬지요. 그렇게 투자 받은 돈으로 주인은 공장도 짓고, 더 많은 햄버거를 팔아 큰돈을 벌 수 있었답니다.

햄버거 가게 이야기처럼 회사를 운영하는데 만약 자금이 부족하다면 은행에서 빌리거나 사람들의 투자를 받을 수 있어요. 이때 회사에 투자한 사람들에게 투자했다는 증거로 증서와 같은 것을 발행하는데 이를 '주식'이라고 해요.

주식은 일반 사람들에게도 팔 수도 있는데, 주식을 구입한 사람은 이 기업의 소유주, 즉 '주주'가 되는 것이죠. 이렇게 투자를 받아 지은 회사를 '주식회사'라고 해요.

주식의 가격은 주식 시장에서 결정돼요. 만약 A회사가 돈을 잘 벌고 있어서 많은 사람들이 A회사의 주식을 사고 싶어 한다면, 주식의 가격이 올라가요. 반대로 A회사가 경영을 제대로 못한다는 소식이 들린다면 사람들은 A회사의 주식을 팔고 싶을 것이고, 이때 주식의 가격은 점점 떨어질 거예요.

주식 시장에서는 가격 변동이 매우 빠르게 일어나요. 그래서 주식을 사서 높은 수익을 얻을 때도 있지만, 동시에 돈을 잃을 수도 있어요. 따라서 주식 투자를 하기 전에 투자하려는 기업이 어떻게 돈을 버는지, 앞으로도 계속해서 이익을 거둘 수 있는지 등 기업에 대한 충분한 조사가 필요해요.

생활 속 경제 이야기

주식을 가지고만 있어도 돈을 준다고?

평소 화장에 관심이 많던 지혜는 돈이 생길 때마다 '(주)미남미녀' 화장품 회사의 주식을 샀어요. 한 주씩 차곡차곡 모으다 보니 어느새 100주나 모았지요. 그러다 올해 우리나라 화장품이 해외에서 인기를 끌면서 회사의 매출이 더욱 늘어났어요. 큰 이익을 얻은 '(주)미남미녀' 회사는 주주들에게
1주당 500원의 배당금을 주기로 했어요. 덕분에 주식을 보유하고 있던 지혜는 50,000원의 배당금을 받을 수 있었어요.

주식을 가지고 있는 사람들에게 소유한 정도에 따라 기업의 이윤을 나누어 주는 것을 '배당'이라고 해요. 주식을 가지고 있는 사람은 그 기업이 얻은 이익에 따라 배당금을 받을 수 있어요. 이때 보유하고 있는 주식의 수에 비례하여 기업이 얻은 이익을 나누어 가지게 되는 것이죠.

그것이 더 알고 싶다!

주식 투자가 어려운 이유는? 바로 심리!

좋은 회사, 큰 기업이라고 판단해서 주식을 샀는데, 주식 투자에 실패하는 이유는 무엇일까요? 사람들은 왜 주식 투자가 어렵다고 느끼는 것일까요? 그 이유는 기대, 욕심, 두려움과 같은 감정이 투자 결과에 영향을 미치기 때문이에요.

어떤 기업이 좋아질 것이라는 이야기를 들은 한 투자자는 그 회사에 대한 기대감으로 주식을 샀어요. 그런데 얼마 지나지 않아 기업에 대한 부정적인 소문을 듣고 그 사람은 두려운 마음에 급하게 주식을 팔아 버렸어요. 하지만 팔자마자 주식의 가격은 크게 올랐고, 투자자는 자신의 선택을 후회했어요.

투자자들의 감정적인 반응은 종종 '버블'과 같은 현상을 일으키기도 해요. 즉, 주식의 가치는 달라진 것이 없는데 많은 투자자들이 감정적으로 주식을 사면서 가치와 관계없이 가격이 급격히 상승하게 된 것이죠. 따라서 주식 투자를 잘하기 위해서는 분석 능력뿐만 아니라 감정적인 자제력과 투자자들의 심리에 대한 이해도 필요하답니다.

23 돈을 빌리려면 신뢰를 쌓아야 해

　오늘은 초등이가 슬기, 도준이와 함께 놀기로 약속한 날이에요. 느긋하게 준비하던 초등이는 결국 오늘도 약속 장소에 10분이나 늦게 도착했어요.

　"뭐야~! 왜 이렇게 늦었어!"

　"치사하게 10분 늦은 걸 가지고! 친구끼리 그럴 수도 있지 뭐~!"

　티격태격하는 슬기와 초등이를 보던 도준이가 결국 중재에 나섰어요.

　"초등아, 슬기야, 그만하고 우리 얼른 팝업 스토어에 들어가 보자."

　도준이의 손에 이끌려 들어간 팝업 스토어에는 캐릭터가 그려진 굿즈부터 가방, 문구류, 인형까지 다양한 상품들이 진열되어 있었어요.

이것저것 마음에 드는 것을 담고 계산하려던 순간 초등이는 엄마가 주신 용돈을 집에 놓고 온 것을 깨달았어요. 당황한 초등이는 먼저 도준이에게 조심스럽게 물었어요.

"도준아, 혹시 나 5,000원만 빌려주면 안 될까?"

"미안, 나도 남은 돈이 없네, 슬기한테 한번 말해 봐."

초등이는 아까 늦었다고 뭐라고 했던 슬기에게 도움을 받고 싶지 않았지만 다른 방법이 없었어요.

"저기… 슬기야, 5,000원만 빌려줄 수 있어? 내가 내일 줄게!"

"싫어. 맨날 약속도 지키지 않는 너한테 내가 뭘 믿고 돈을 빌려주니?"

슬기의 말에 기분이 상했지만 사실 틀린 말은 아니어서 뭐라고 대꾸할 수 없었어요. 결국 초등이는 가격이 제일 싼 스티커 몇 장만 사고 집으로 돌아왔어요. 그날 밤 잠들기 전 초등이는 여러 생각이 들었어요.

'흥, 슬기 너무한 거 아니야? 그래도 친구 사이인데…. 아니야, 내가 평소에 약속을 잘 지켰으면 슬기도 나를 믿고 돈을 빌려주지 않았을까?'

대출에는 신용이 중요해요!

학교에서 친구가 나에게 학용품을 빌려 달라고 하면 여러분은 어떤 선택을 할 것인가요? 만약 평소에 물건을 바로바로 잘 돌려준 친구였다면 믿고 빌려줄 것이고, 그렇지 않다면 빌려주고 싶은 마음이 들지 않겠죠. 이처럼 다른 사람을 얼마나 믿을 수 있는지의 정도를 '신용'이라고 해요.

친구에게 빌린 돈을 매번 잘 갚지 않거나, 숙제를 끝내기 전에 나가서 놀고 부모님과의 약속을 자주 어기는 사람은 신용이 낮은 사람이에요. 반대로 작은 약속이라도 잘 지켜서 상대방에게 믿음을 준다면 그 사람은 신용이 높은 사람이라고 할 수 있어요.

가게를 차리거나 집을 사는 것과 같이 큰돈이 필요할 때 사람들은 보통 은행에서 돈을 빌려요. 이것을 '대출'이라고 하는데, 신용이 높은 사람은 더 좋은 조건으로 은행에서 돈을 빌릴 수 있어요.

돈을 빌려준 대가로 이자를 받아 이윤을 얻는 은행 입장에서는 제때에 이자를 내면서 빌려준 돈을 갚을 수 있는 믿을만한 사람에게 돈을 빌려주고 싶어 해요. 따라서 신용이 높은 사람은 은행에서 더 낮은 이자율로 돈을 빌릴 수 있고, 다른 사람들보다 더 큰 금액을 빌릴 수 있어요.

반대로 신용이 낮은 사람에게는 은행에서 '이자를 잘 낼 수 있을까?', '돈을 다 갚을 수 있을까?'라고 의심하며 쉽게 돈을 빌려주지 않겠죠. 또 빌려주더라도 적은 금액만을 빌려줄 거예요. 따라서 우리가 대출을 잘 받고, 활용하기 위해서는 평소에 신용을 잘 쌓아 놓는 것이 중요해요.

신용이 높은 사람은 평소에 쌓은 신뢰를 바탕으로 주변 사람들로부터 좋은 기회를 얻을 수도 있어요. 따라서 매일 내가 해야 할 일에 최선을 다하고, 작은 약속이더라도 꼭 지키려고 노력해야 한답니다.

생활 속 경제 이야기

돈을 갚지 못한다면?
파산

친구에게 돈을 빌렸는데 약속한 날짜에 돌려주지 못한다면 어떻게 될까요? 아마 친구와 사이가 나빠지고, 나중에 더 큰돈으로 갚아야 할지도 몰라요. 아직 큰돈을 빌릴 일이 없는 여러분의 경우에는 쉽게 해결 방법을 찾을 수 있지만, 은행으로부터 큰돈을 빌린 사람이 약속한 기간 안에 돈을 갚지 못한다면 큰 문제로 이어질 수 있어요.

만약 돈을 빌린 사람이 몸이 아프거나 직장을 잃는 등 돈을 갚지 못하는 상황에 놓인다면 결국 '파산'을 신청해야 해요. 파산은 개인이나 기업이 빚을 갚지 못하는 상태로, 돈을 갚는 것을 포기하는 것이에요.

파산을 선언하면 돈을 빌린 사람은 은행에 빚을 갚지 않아도 되지만, 신용도가 크게 낮아져요. 파산을 한 사람에게는 대출이 어려워질 수 있고, 신용 카드를 만들 때도 제한이 있는 등 일상생활에서 여러 가지 어려움을 겪을 수 있어요. 따라서 파산하기 전에 빚을 갚을 수 있는 방법을 찾아보고 빚을 갚기 위해 노력하는 것이 중요해요.

나의 신용에도 점수가 있다고?

나의 신용에도 점수가 있다는 사실! 여러분들은 알고 있나요?

다른 사람이 나를 믿을 수 있는 정도를 점수로 나타낸 것을 '신용 점수'라고 해요. 지금 당장은 여러분이 신용 점수를 사용할 일이 없어서 중요하지 않다고 느낄 수도 있어요. 하지만 나중에 어른이 되어 은행에서 돈을 빌릴 때 신용 점수가 매우 중요해요.

신용 점수는 과거에 돈을 얼마나 빌렸는지, 신용 카드를 많이 사용했는지, 연체된 적은 없는지 등을 종합적으로 평가하여 결정돼요. 신용 점수가 높을수록 은행으로부터 대출을 받을 때 유리하죠. 신용 점수가 낮으면 대출할 수 있는 금액이 적어지고, 최악의 경우 돈을 빌리지 못할 수도 있어요.

그렇다면 신용 점수를 높이기 위해서 어떤 노력을 할 수 있을까요? 우선 통신비나 관리비 등이 연체되지 않도록 해야 해요. 또 세금을 제때 내는 것과 같이 약속을 잘 지킨다면 신용 점수를 높일 수 있어요.

이제 우리는 경제 삼총사

　즐거운 점심시간, 초등이의 담임 선생님께서 학교 북 카페에 오순도순 모여 앉아 이야기를 나누고 있는 아이들의 모습을 발견했어요.
　"너희들 거기서 뭐 하니? 설마 또 무슨 장난을 칠까 계획하고 있던 건 아니겠지?"
　선생님이 다가오는 줄도 모른 채 이야기에 빠져 있던 도준이가 웃으며 말했어요.
　"선생님, 저희 이제 그럴 시간도 없어요! 매일 모여서 경제 관련 주제로 이야기하느라 바쁘거든요."
　"맞아요! 특히 경제 공부에 대한 초등이의 열정이 장난 아니에요!"
　자신을 치켜세워 주는 슬기의 말에 초등이가 쑥스러웠는지 머쓱한 미소를 지었어요.

"그래? 무슨 이야기를 나누고 있었는지 선생님도 한번 들어 볼까?"

선생님의 말씀이 끝나자마자 초등이는 최근에 걸 그룹 '윗지'가 신곡을 발표했다는 것부터 시작해서 친구들과 함께 노래를 들어 보고 소속사의 주식 가격을 확인해 본 것까지 막힘없이 이야기를 이어 갔어요.

'녀석들 대단한데…?'

초등이의 이야기를 듣고 선생님은 감탄했어요. 그저 개구쟁이라고만 생각했던 아이들이 어느 순간부터 경제에 관심을 가지고 이렇게 스스로 모여서 토론하고 공부하는 모습이 참 신기하고 대견스러웠거든요.

"셋 다 경제 공부를 정말 열심히, 재미있게 하고 있구나! 선생님이 이제부터 너희들을 우리 학교 '경제 삼총사'로 불러도 되겠니?"

선생님의 깜짝 제안에 아이들은 살짝 놀랐지만, 곧 새로 지어진 별명이 아주 마음에 들었는지 구호까지 만들어 함께 외쳤어요.

"알뜰살뜰 슬기, 척척박사 도준, 경제 반장 초등! 우리는 경제 삼총사!"

어떤 세금을 내야 할까?

선을 따라가면서 각 상황에 필요한 세금의 종류를 빈칸에 써 보세요.

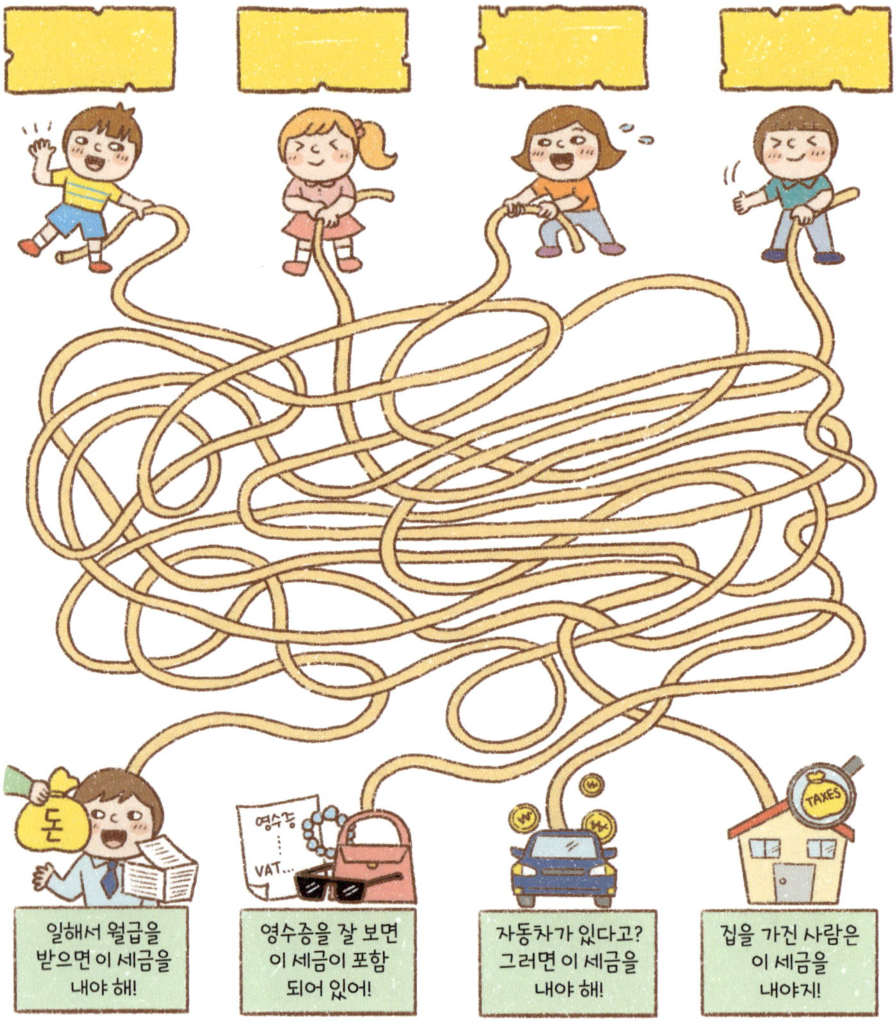

일해서 월급을 받으면 이 세금을 내야 해!

영수증을 잘 보면 이 세금이 포함 되어 있어!

자동차가 있다고? 그러면 이 세금을 내야 해!

집을 가진 사람은 이 세금을 내야지!

보기 재산세 | 자동차세 | 부가가치세 | 소득세

나는 과연 현명한 선택을 했을까?

띵동! 이번 달 용돈 30,000원이 통장에 입금됐어요.
이번 달 용돈으로는 무엇을 할지 고민되는 상황!
하고 싶은 것은 많지만 용돈은 정해져 있어요.
마지막까지 고민 중인 두 가지 선택지. 과연 나의 선택은?

1. 고민하고 있는 선택지 중 두 가지를 골라 보세요.

A

B

2. 나의 선택으로 인한 기회비용을 생각해 보세요.

A 선택   B 선택

좋은 점

기회비용
(포기하는 것)

3. 나의 최종 선택과 그 이유를 생각해 보세요.

경제, 어디까지 알고 있니?

🌱 지금까지 초등이와 함께 경제 공부를 열심히 했다면 이 정도는 자신 있겠죠?
가로와 세로에 해당하는 문제의 정답을 빈칸에 써 보세요. 경제 퀴즈 도전!

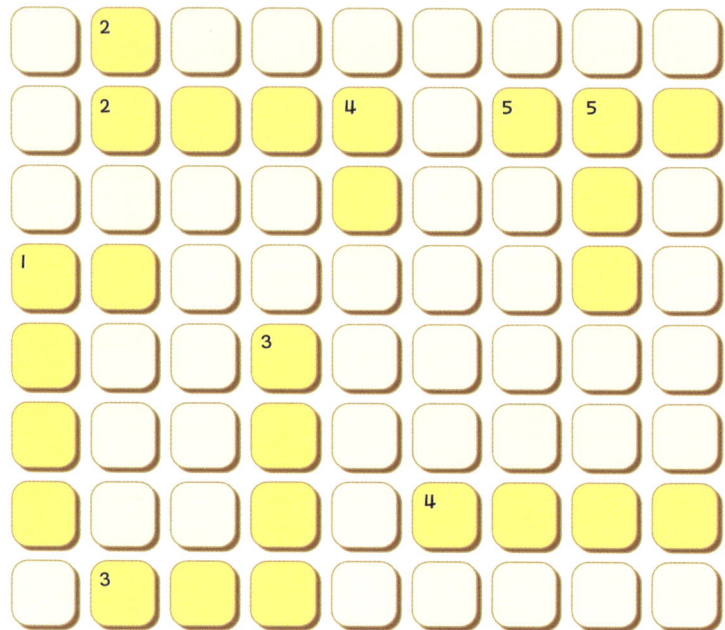

가로 퀴즈

1. 개인이나 기업이 빚을 갚지 못하는 상태
2. 땅, 집, 건물 등을 빌려준 대가로 얻는 수입
3. 주식을 가진 사람이 그 기업이 얻을 이익에 따라 받는 돈
4. 블록체인 기술을 사용한 암호화된 디지털 화폐로 '가상 화폐'라고도 불리는 화폐
5. 원하는 사람은 많은데 자원은 제한되어 있거나 부족한 상태

세로 퀴즈

1. 경제적인 자금을 미리 모아 조기 은퇴를 꿈꾸는 사람들을 부르는 말
2. 은행 계좌에 돈을 보관하면 은행으로부터 '○○'를 받을 수 있다.
3. 당장 필요 없는 큰돈을 한 번에 일정 기간 동안 맡기는 예금의 종류
4. 부동산이 위치한 곳의 조건과 환경
5. 근로 소득이 발생하면 나라에서 이 세금을 제외하고 월급을 지급함

도전! 나만의 창업 아이디어

 To. 책을 읽은 친구들에게

얘들아 안녕? 난 초등이야. 지금까지 나와 함께 경제 개념을 알아보며 유익한 시간을 보냈겠지? 설마 내가 생각한 '오·대·청' 서비스를 탐내고 있는 거야? 만약 너희들은 학교에서 창업을 한다면 무엇을 하고 싶어? 평소 학교에서 '이런 것이 있으면 좋겠다!'고 생각한 것들을 떠올려 봐. 좋을 의견 기대할게~!

1단계 학교에 필요한 물품이나 서비스를 생각해 볼까?

예) 청소 대신 해 주기 서비스, 누구나 빌려 사용할 수 있는 준비물 보관함 등

2단계 '1단계'에서 생각한 창업 아이템이 친구들에게 필요한 이유는 뭐야?

예) 청소를 귀찮아하는 친구들이 많기 때문.

3단계 나의 창업 아이템을 알리는 홍보 포스터를 만든다면?

초등이와 경제 놀이 정답

156쪽

158쪽

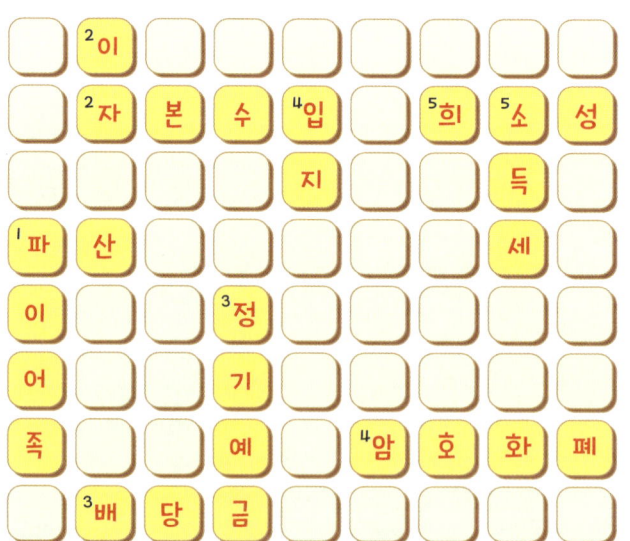